August der Starke

Inhalt

August der Starke

August der Starke ist eine der interessantesten und schillerndsten Figuren der deutschen Geschichte, der bekannteste sächsische Landesfürst und die wohl bedeutendste Persönlichkeit, die bislang in Dresden das Licht der Welt erblickt hat. Kein anderer Herrscher hat das Bild der sächsischen Hauptstadt so stark geprägt wie er. In der jüngsten Vergangenheit ist der Kurfürst und König zur wichtigsten Werbefigur der Touristenmetropole Dresden geworden.

Dabei war Dresden nur bis zu seinem 27. Lebensjahr Augusts Lebensmittelpunkt. Seit seiner Wahl zum König von Polen 1697 pendelte er zwischen Dresden und Warschau, sofern er nicht gerade auf Kriegszug war. In manchen Jahren war er nur für wenige Wochen in Dresden.

Überhaupt ist bei August dem Starken vieles nicht so, wie es scheint. Sorgte er schon zu Lebzeiten europaweit für Aufsehen, so regte der „sächsische Sonnenkönig" die Phantasie späterer Generationen erst recht an: Mit seinen zahllosen Geliebten habe er 365 Kinder gezeugt, heißt es (was Unsinn ist), er habe Hufeisen zerbrechen (was wahr ist) und seinen Daumen in den festen Zement der Brüstung an der Brühlschen Terrasse eindrücken können (was eine Legende ist). Er sei ein Feingeist und Kunstfreund gewesen, dem Dresden seinen Glanz und seinen Ruf als bedeutendes Kunstzentrum verdanke (was stimmt), aber als Politiker ein Opportunist ohne wirklichen Plan, der sogar seinen Glauben aufgab, um polnischer König zu werden, und der im Endeffekt doch scheiterte (was nur zum Teil stimmt).

Schon ihn historisch korrekt zu benennen ist schwierig. Getauft war er auf den Namen Friedrich August, sein Rufname war Friedrich. Als sächsischer Kurfürst hieß er Friedrich August I., als polnischer König August II. Die in seiner Regierungszeit geprägten sächsischen Münzen tragen den Namen Fridericus, die polnischen Augustus II. Die Bezeichnung August der Starke taucht erst im frühen 19. Jahrhundert auf.

Auch wenn Dresden heute völlig anders aussieht und das Schloss in großen Teilen nicht so erhalten – besser gesagt, wiederaufgebaut – ist wie zu Augusts Zeiten, so gibt es doch in Dresden und Umgebung zahlreiche Spuren seines Lebens und Wirkens zu entdecken. Ihnen spürt dieses Buch in Wort und Bild nach.

Der junge Friedrich August

Kindheit und Jugend in Dresden

Geboren wurde August der Starke am 12. Mai 1670 im Dresdner Schloss als zweiter Sohn des Kurprinzen Johann Georg von Sachsen und dessen Frau, der dänischen Königstochter Anna Sophie. Der Vater residierte als Landvogt der Oberlausitz in Bautzen, Friedrich August und sein älterer Bruder Johann Georg verbrachten ihre Kindheit überwiegend beim Großvater Johann Georg II., der seit 1656 in Dresden regierte.

Vater Johann Georg III. 1685

Um 1670 hatte sich das Kurfürstentum Sachsen weitgehend vom Dreißigjährigen Krieg erholt. Ein stetiges Wirtschaftswachstum und die Einnahmen aus dem Silberbergbau im Erzgebirge ermöglichten es dem Kurfürsten, sich vornehmlich den Künsten und der Kultur, dem Feiern und dem Wein zu widmen. Am Hofe Johann Georgs II. erlebte der junge Friedrich Kostümgesellschaften und Maskenbälle, prunkvolle Jagden, Feuerwerke und andere opulente Festlichkeiten.

Auch Friedrich Augusts Vater, Johann Georg III., der 1680 die Regierung übernahm, war ein lebenslustiger Mann, dessen Hauptinteressen der Kriegsdienst, die Jagd und die Geselligkeit bildeten. Dabei vergnügte er sich lieber mit einer Mätresse als mit seiner ernsten und frommen Frau, die sechs Sprachen sprach und über wesentlich mehr Bildung verfügte als ihr Mann. Äußerlich kam Friedrich mit der langen Nase und den dunklen Augenbrauen nach seiner Mutter, in seinen Interessen folgte er weitgehend dem Vater und dem Großvater. Sein Bruder Johann Georg hingegen, so schrieb Friedrich später in der ihm eigenen (sächsischen) Orthographie, *wahr von Natur und Glietmaßen schwag, von Gemiette zornig und melanquollich; sehr großes Belieben, Wissenschaften zu lernen, in welchen er sehr reuchirte [reüssierte]*. Die Brüder hatten *nur stehten Krieg miet einander, und dieweil die Natur dem ingern mehr Forteil vor dem elteren gegeben, war er schallus*

Dresden im Jahre 1650 auf einem Kupferstich von Merian

[eifersüchtig]; hingegen der ingere misgonte dehm Codrus [Bruder], das die Natur ihn zum elteren gemacht.

Während der Kronprinz auf die künftigen Regierungsaufgaben vorbereitet wurde, war dem Jüngeren die Militärlaufbahn zugedacht. Mit elf lernte Friedrich reiten und fechten, mit zwölf nahm er an seinen ersten Hofjagden teil. Drei Lehrer unterrichteten die beiden Brüder, nur einer vermochte Friedrichs Interesse zu fesseln: Wolf Caspar von Klengel, Mathematiker, Soldat und seit 1656 Oberlandbaumeister des sächsischen Kurfürsten, außerdem Oberkommandant der Dresdner Festung. Er unterrichtete Friedrich in Mathematik und Militärwesen, Festungsbau und Zeichnen. In der Militärführung und im Festungsbauwesen konnte Friedrich August später niemand etwas vormachen.

Humanistische Bildung und Fremdsprachen interessierten Friedrich wenig. Und als er mit fünfzehn seinen eigenen Hofmeister bekam, schrieb dieser dem Vater, er habe Zweifel an der religiösen Festigkeit seines Schützlings. Als Friedrich August später zum Katholizismus übertrat, verriet er nicht etwa opportunistisch seine Religion – er hatte gar keine.

Der Riesensaal im Schloss im Jahr 1693

Unterwegs in Europa

Im Alter von sechzehn Jahren unternahm Friedrich seine erste große Reise, zum Hof seines Onkels, des dänischen Königs Christian V. Und fünf Tage nach seinem siebzehnten Geburtstag brach er auf zur großen Kavalierstour, einer mehrjährigen Bildungsreise. Begleitet von seinem Hofmeister, einem Arzt, einem Pfarrer, einem Stallmeister, einem Kammerjunker und einigen Dienern, reiste Friedrich unter dem Decknamen Graf von Leisnig. Auch das war üblich: An den Höfen, die man besuchte, wusste jeder um die wahre Identität des Reisenden, doch entfielen auf diese Weise mögliche heikle protokollarische Fragen – wenn er etwa, wie in Versailles, Ludwig XIV. vorgestellt wurde.

Friedrich interessierte sich für Festungen, Schlösser und militärische Übungen, nicht aber für Tanz, Geschichte, Politik oder Französisch, berichtete der Hofmeister dem Vater. Und die Schwägerin Ludwigs XIV., Liselotte von der Pfalz, urteilte: *Er ist nicht hübsch von gesicht, aber doch wohl geschaffen und hatt all gutte minen, scheint auch, daß er mehr vivacitet [Lebhaftigkeit] hatt alß sein Herr Bruder [der schon in Paris gewesen war], undt ist nicht so melancolisch, allein er spricht noch gar wenig.*

Von Paris führte Friedrichs Weg nach Madrid, Lissabon und Venedig, dessen lebenslustige, freie Atmosphäre im Karneval 1689 er genoss und dessen Architektur, zum Wasser hin ausgerichtet, ihn nachhaltig beeindruckte.

Nach nur zwei Jahren kehrte er über Wien und Prag heim, um den Vater beim Kriegszug gegen die Franzosen zu begleiten. Der Neunzehnjährige bewies Mut, strategisches Geschick und echte Nehmerqualitäten: Beim Sturm auf die Festung Mainz wurde er am Kopf verletzt, wenig später verlor er das erste Glied des linken Daumens, als ihm eine Flinte in der Hand explodierte, und in Flandern wurde ihm ein Pferd unter dem Leib weg erschossen. Dennoch gefiel ihm das Leben als Kriegsheld – inklusive wilder Ausschweifungen mit Alkohol und Frauen, über die es unmissverständliche Berichte gibt.

Wie er sich selbst sah, zeigt ein autobiographischer Roman, den er 1690 zu schreiben begann, als er sich von den Blattern (oder Pocken) erholte: als einen *frischen Herrn, der wenig achtete und in seiner Jugend schon zeigte, daß er von Leibe, Gliederen und Constitution stark wehrden wierde, von Gemiette giettig, freigebig, nicht anders, als was eine ehrliebente Sehl notwendig tuhn sohlte, liebte, geschickt alle Exercitia zu lernen, hingegen wohlte er sich zum Studiren nicht appliciren, sagend, er wierd nichts als einmahl den Degen zu seinen Fortkohmen bedierffen, derohalben ihm in der zarten Jugent schon das Soltahten wesen eingepflanzet wahr.*

Das Residenzschloss von Süden 1679

Unverhoffte Fürstenwürde

Friedrich genas von den Blattern, sein Vater aber erlag im September 1691, nur 44 Jahre alt, der gefährlichen Virusinfektion. Er hinterließ einen reichlich unordentlich geführten, höher denn je verschuldeten Staat. Der neue Kurfürst, Johann Georg IV., erkannte durchaus, was zu tun war, Reformerfolge aber waren ihm kaum beschieden. Friedrich fiel gemäß dem väterlichen Testament der Titel Herzog von Sachsen, eine jährliche Apanage von 50 000 Talern, eine freie Wohnung im Dresdner Schloss und ein weiteres Schloss in der Umgebung von Dresden zu – eigentlich ein auskömmliches Erbe.

Johann Georg IV. als Kurfürst

Eine standesgemäße Braut hatte seine Mutter für ihn bereits gefunden: Christiane Eberhardine, die Tochter des Markgrafen von Brandenburg-Bayreuth. Er *empfehle* sich *der schensten princessin von der wehlt zur beharrlichen gnade der ich bies in doht [tod] verharre gedreister [getreuester] knecht*, hatte *Friedrich Augustus* der *durchleichtigst princessin* in einem Werbebrief geschrieben. Doch die ernste, streng lutherische Christiane Eberhardine vermochte ihren heißspornigen Ehemann kaum zu fesseln. Nur wenige Wochen nach der Heirat im Januar 1693 stürzte sich Friedrich wieder ins Kriegsgetümmel.

Schlimmer traf es Johann Georg, der 1692 die sechs Jahre ältere Eleonore, Witwe des Markgrafen von Brandenburg-Ansbach, heiratete, obwohl er in die junge Sibylle von Neitschütz verliebt war. Er erwirkte sogar deren Erhebung zur Reichsgräfin von Rochlitz und trat ihr das Gut Pillnitz ab – gegen den erbitterten Widerstand seiner Frau. Im Februar 1694 ging der Kurfürst angeblich im Streit mit dem Degen auf seine Frau los. Friedrich trat dazwischen und warf seinen tobenden Bruder aus dem Raum. Danach setzte er sich schleunigst nach Venedig zum Karneval und weiter nach Rom und Neapel ab.

Kaum eine Woche später erkrankte Sibylle an den Blattern, der Kurfürst pflegte sie, steckte sich an und starb drei Wochen nach ihr am 27. April 1694. Johann Georg IV. hinterließ nur eine uneheliche Tochter. Damit fiel die Kurfürstenwürde an den Bruder, der sofort nach Dresden zurückkehrte. Friedrich August erkannte seine Nichte übrigens anstandslos an, er sorgte für eine gute Erziehung und eine auskömmliche Mitgift und gab ihr später einen präsentablen polnischen Grafen zum Mann.

Residenzschloss

Das wiederaufgebaute Schloss präsentiert sich heute in den Formen des späten 19. Jahrhunderts. Der Große Schlosshof sah mit seinen Sgraffito-Dekorationen zu Augusts Zeiten sehr ähnlich aus, der Hausmannsturm entstand in Augusts ersten Kinderjahren.

Der Wohnsitz von August als sächsischem Prinzen und Kurfürsten war das Dresdner Residenzschloss, ein vierflügeliger Renaissancebau, dessen Außenwände mit aufwendigen Sgraffito-Dekorationen überzogen waren. In Neorenaissanceformen restauriert, sind sie seit neuestem im Großen Schlosshof wieder zu bewundern. Heute zeigt sich das Schloss, eine Mischung aus originaler und nach 1945 rekonstruierter Substanz, in der Gestalt des späten 19. Jahrhunderts, als die Schlossfassaden aufgefrischt und vereinheitlicht wurden.

Wiedererkennen würde August sicherlich den Großen Schlosshof mit der „Schönen

Pforte", die in die Schlosskapelle im Nordflügel führt, von der inzwischen die prächtigen Schlingrippengewölbe wiederhergestellt sind. Bekannt wären ihm auch der Hausmannsturm, das Kanzleigebäude, in dem auch die Mitglieder des Geheimen Rates ihre Büros hatten, und der Stallhof mit dem Langen Gang. Hier fanden zu Augusts Zeiten Reiterspiele, Ringstechen, Turniere und Karnevalsfestlichkeiten statt.

Vom Stallgebäude, das August später für Gästezimmer und Kunstkabinette umbauen ließ, sind nur noch geringe Reste im Johanneum, dem heutigen Verkehrsmuseum, erhalten.

Die offiziellen Gemächer des Kurfürsten befanden sich im ersten Stock des Westflügels, sie waren ab 1658 barock umgestaltet worden. Als Kurfürst wohnte und arbeitete August im ersten Stock des Südflügels, die Räume sind nicht erhalten. Bedeutende Zeremonien und Feierlichkeiten fanden im Riesensaal im zweiten Stock des Ostflügels statt, der 1701 beim Schlossbrand zerstört wurde. Weitere wichtige Schauplätze in Augusts Jugend sind verschwunden, so das Reit-, Schieß- und Komödienhaus am heutigen Ort des Zwingers und das Belvedere auf der Jungfernbastion an der Elbe.

Seit Augusts Zeiten kaum verändert: Der Lange Gang im Stallhof (oben), die Schöne Pforte im Schlosshof (rechts) und das rekonstruierte Gewölbe der Schlosskapelle (ganz rechts). Das Johanneum dagegen wurde 1872–76 völlig umgestaltet (ganz rechts oben).

Seit 1907 befindet sich an der Außenseite des Langen Ganges der Fürstenzug. Die Darstellung der Wettiner Herrscher seit dem 12. Jahrhundert – darunter August der Starke (oben) – besteht aus 23 000 Keramikfliesen.

Jägerhof

Der Jägerhof ist das einzige Gebäude, das aus dem 1685 durch Brand zerstörten Altendresden erhalten ist. Dass August bei der Anlage der heutigen Neustadt den Jägerhof in seiner Renaissancegestalt aus den Jahren 1570/1617 beließ, lässt vermuten, dass er mit dem Gebäude angenehme Erinnerungen an Jagdausflüge und Geselligkeiten verband. Im Zweiten Weltkrieg schwer beschädigt, wurde der Bau im Innern vereinfacht wiederhergestellt und dient seitdem als Museum für Sächsische Volkskunst.

Der Jägerhof, das heutige Museum für Sächsische Volkskunst.

Von außen präsentiert sich das wiederaufgebaute Palais im Großen Garten wie zu Augusts Zeiten. Die Innenräume aber wurden noch nicht rekonstruiert. In der Mitte: „Die Zeit enthüllt die Wahrheit", eine Skulptur von Antonio Corradini.

Palais im Großen Garten

Den Großen Garten vor den Toren der Stadt ließ Augusts Vater Johann Georg III. ab 1676 anlegen. Im Zentrum der streng geometrischen Anlage entstand nach Plänen von Johann Georg Starcke das Palais als Ort für Feste und Sommerlustbarkeiten.

Als Kurfürst ließ August den Garten erweitern und ausbauen und nutzte ihn regelmäßig für Feste und Fasanenjagden. Besonders aufwendig gerieten die „Bauernwirtschaft" anlässlich des Besuchs des dänischen Königs 1709 und das „Venusfest" 1719, für das man den Venuspavillon als Tanzsaal und ein Heckentheater errichtete. 1728 ließ August soeben erworbene italienische Skulpturen im Großen Palais aufstellen, seine Lustbarkeiten feierte der Hof damals auf Schloss Pillnitz.

Im Zweiten Weltkrieg schwer getroffen, wurde das Palais in den 1960er Jahren gesichert, befindet sich aber bis heute im Rohbau. Im Erdgeschoss sind Skulpturen und Kopien aus anderen Gärten untergebracht, der Festsaal im ersten Stock wird für Konzerte genutzt. Der Bau kann bei Führungen besichtigt werden.

Weingüter in Radebeul

Mittelpunkt des Weinguts Hoflößnitz ist das Lust- und Berghaus (links). Der angebaute Treppenturm mit der geschwungenen Haube weist es als Renaissancebau aus. Das Sächsische Weinbaumuseum zeigt auch eine Flasche von 1718, „sehr fein trocken".

Seit dem frühen 15. Jahrhundert existierte an den Lößnitzhängen das kurfürstliche Weingut, um 1650 entstand das Lust- und Berghaus im Stil eines Jagdschlosses. Augusts Großvater Johann Georg II. soll hier mit großem Pomp Hof gehalten haben. Aus Augusts Regierungszeit sind Tanzfeste und Jagdgesellschaften in den Jahren 1715, 1719 und 1727 überliefert. Die Hoflößnitz ist noch heute ein Weingut, die Räume im Obergeschoss sind mit ihrer reichen Ausmalung original erhalten und sehr sehenswert. Im Erdgeschoss zeigt das Sächsische Weinmuseum unter anderem das Diorama eines Winzeraufzugs mit August dem Starken.

Über 365 Stufen führt die von Pöppelmann konzipierte Jahrestreppe hinauf zum Spitzhaus, dessen charakteristische Erscheinung von 1749 stammt. Ab 1707 gehörte das Lust-

Der Festsaal und die Privatgemächer des Kurfürstenpaares im Obergeschoss des „Schlosses" Hoflößnitz sind beeindruckend reich ausgestattet.

häuschen der Gräfin Cosel, ab 1710 August dem Starken, der mehrmals hier oben gefeiert haben soll. Originales Flair aus dieser Zeit ist nicht mehr zu spüren, doch allein schon wegen der Aussicht ins Elbtal bis hin nach Dresden ist das Restaurant einen Besuch wert.

Nicht direkt mit August zu tun hat das heutige „Erlebnisweingut“ Schloss Wackerbarth. Das hübsche Lustschloss von Johann Christoph Knöffel entstand 1730 als Alterssitz für Augusts engen Berater, den Reichsgrafen und Generalfeldmarschall, Generalintendanten für das Bauwesen, Gouverneur der Festung Dresden und Minister August Christoph von Wackerbarth. Heute kann man hier die Cuvées „August der Starke“ und „Gräfin Cosel“ erstehen.

Das Spitzhaus (oben) sah zu Augusts Zeiten etwas anders aus, das „Wochenendschlösschen“ des Grafen Wackerbarth (unten) mit dem Belvedere (rechts) ist dagegen weitgehend original erhalten.

Stadtmuseum Dresden

Zwei Ausstellungsstücke machen das Stadtmuseum im spätbarocken Landhaus für August-Spurensucher interessant: zum einen das Modell der Stadt Dresden im Jahr 1678, zum anderen ein Blatt seines 1690 begonnenen und schnell wieder fallengelassenen Romans „Codrus und Pallantes". Und natürlich ist auch hier ein Porträt des Kurfürsten zu bestaunen – geschaffen 1723 vom Hofmaler Louis de Silvestre.

Das Domizil des Stadtmuseums entstand 1770–75 als „Land- und Steuerhaus" der sächsischen Stände. Das Modell zeigt die Stadt Dresden 1678, als August acht Jahre alt war.

Kurfürst und König

„Von ungemein starker und gesunder Natur“

Der König ist ein gut aussehender Fürst, der zu gefallen versteht und die Herzen jener gewinnt, die ihn sehen, urteilte Jacob Heinrich von Flemming, der ihn als sein engster Berater so gut kannte wie kaum ein anderer, im Jahr 1722. *Er ist kräftig und gesund geartet ... Er ist im Grunde ein Melancholiker, daher seine vielen Pläne, seine zahlreichen Luftschlösser und der Umstand, dass er auf ihn zukommende Gefahren oft übertreibt ... Er ist überzeugt, dass niemand, den er ernsthaft für sich zu gewinnen wünscht, ihm widerstehen könne, und eben darum wird er nur zu oft von unehrlichen Menschen getäuscht. Vergnügungssucht und Ehrgeiz sind die ihn beherrschenden Leidenschaften, aber nach dem Vergnügen verlangt er doch wohl noch stärker. Nur zu oft haben ihm seine Vergnügungen einen Erfolg verwehrt, aber noch nie hat er sich von der Ambition bei einem Vergnügen stören lassen. Sein Wissen ist erstaunlich umfassend, und er hat zeitlebens viel Energie darauf verwendet, die Ansätze seiner Jugend in späteren Studien zu vervollständigen. Sein Verhältnis zum Geld ist oft missdeutet worden. An sich bedeutet es ihm wenig, er braucht es nur als Mittel zum Zweck und zur Erreichung seiner Ziele, und eben darum sind ihm zur Geldbeschaffung alle Mittel recht und alle Menschen genehm.*

August der Starke

August war 1,76 Meter groß (größer als der Durchschnitt, aber kleiner als die preußischen „langen Kerls“) und wog 1712, mit 42 Jahren, 125 Kilogramm, in den 1720er Jahren rund 30 Kilo weniger. Sein Leibarzt bezeugte 1728, *daß S. Kgl. Maj. jederzeit von ungemein starcker und gesunder Natur gewesen* sei. Erst in den letzten Lebensjahren litt er vermutlich an – nicht erkannter – Diabetes mellitus. Im Herbst 1726 glaubte er sich dem Tode nahe, doch erholte er sich nach der Amputation eines Zehs am Neujahrstag 1727 wieder.

August war ungewöhnlich kräftig. Zahlreiche Berichte bezeugen, dass er Taler verbiegen, silberne Kannen zusammendrücken und Kanonenrohre mit

Gattin Christiane Eberhardine

einer Hand hochheben konnte. Ein eigenhändig zerbrochenes Hufeisen ließ er 1711 in der Kunstkammer verwahren und mit einer Notiz versehen: *mit Dero Eigenen Hohen Händen am 15. Febr. 1711 im 41. Jahre Ihres Alters voneinander gebrochen.* Allerdings war er als Erwachsener schlecht zu Fuß, was er zu verbergen suchte, wie Besucher bemerkten. In Venedig soll ihm bei einer seiner Vorführungen eine Marmorplatte auf den Fuß gefallen sein, 1697 stürzte er beim Ringstechen vom Pferd und zerquetschte sich die zweite Zehe links.

August aß und trank viel, zwei Flaschen Wein waren wohl das tägliche Normalmaß, das er oft überschritt. Seine Trinkfestigkeit hat August manchmal gezielt eingesetzt. Der kaiserliche Diplomat Friedrich Heinrich von Seckendorff berichtet von einem Trinkgelage – oder besser Trinkduell –, das sich der bereits schwerkranke August noch Anfang 1733 in der Grenzstadt Krossen an der Oder (Krosno Odrzanskie) mit dem ebenso trinkfesten preußischen General Grumbkow lieferte: *Bey diesem Zusammentritt zechten Grumbkow und sein königlicher Freund über- oder vielmehr untermenschlich, theils aus Geschmack, theils aus politischen Gründen, um einander ihre Geheimnisse abzulocken. Jeder glaubte den anderen zu überlisten; aber keiner erreichte seinen Zweck ganz, und Grumbkow kam nach Berlin zurück, ohne etwas bestimmtes über die Denkart des Königs zu wissen.*

Kampf um die Königskrone

Ich hatte seit dem 18. Jahre nur militärische Studien getrieben und nicht die geringste Kenntnis von den Geschäften. Mein einziger Wunsch war kriegerischer Ruhm, schrieb Kurfürst Friedrich August elf Jahre nach seinem Regierungsantritt.

Das Kurfürstentum Sachsen war noch weit entfernt von einem absolutistischen Staat, in dem der Herrscher schalten und walten konnte, wie er wollte. Viel Macht lag bei den drei Ständen, die den Landtag bildeten: dem hohen Adel mit den geistlichen Stiften, dem Landadel und den Städten. Ihr wichtigstes Recht war es, die Steuern festzusetzen und einzutreiben – eine Verknüpfung, die der Korruption Tür und Tor öffnete. Der Kampf gegen die Stände durchzog Augusts gesamte Regierungszeit.

Das Jahr 1706 mit dem demütigenden Frieden von Altranstädt als einem der Marksteine des Großen Nordischen Krieges gilt gemeinhin als Wendepunkt in Augusts Entwicklung. Erst nach diesem Desaster wurde er zu einem planvoll und langfristig handelnden Politiker. Bis dahin war sein Tun von Sprunghaftigkeit geprägt, auch wenn er wesentlich energischer als seine Vorgänger seine

Aufgaben in Sachsen anging: Er besetzte hohe Ämter neu, ordnete eine Inventarisierung des Landes an, um der Verwaltung erstmals eine belastbare Datenbasis zu verschaffen, und versuchte die Stände schon auf seinem ersten Landtag 1694 zu einer Steuerreform zu bewegen.

Vor allem aber suchte Friedrich August seinen Ruhm als Kriegsherr zu mehren. Im Kampf gegen die Türken war der Kaiser in Wien auf die sächsischen Verstärkungstruppen dringend angewiesen. Er hatte dem sächsischen Kurfürsten deshalb den Oberbefehl in Ungarn übertragen. Friedrich August musste allerdings den Beschlüssen eines Kriegsrates aus erfahrenen Heerführern folgen. Der junge Kurfürst ließ sich darauf ein, verlor eine Schlacht (bei Lugosch), zog sich bei der zweiten mit einem Remis aus der Affäre (an der Bega) und gab dann, wütend auf die aus seiner Sicht feigen und bequemen alten Feldherren, das Oberkommando zurück. Es hatte sich nämlich ein neues Ziel ergeben: die polnische Krone.

Am 17. Juni 1696 war der polnische König gestorben, und binnen einem Jahr musste ein Nachfolger gewählt werden. Polen hatte damals eine völlig andere Gestalt als heute: In der Union mit Litauen war es ein riesiger Vielvölkerstaat, dessen verschiedene Nationen, Kulturen und Konfessionen weitgehend friedlich miteinander lebten. Allerdings war die katholische Mehrheit stark privilegiert. Die Verständigung zwischen Sachsen und Polen war kein Problem: Die offizielle Sprache am polnischen Hof war Französisch, die Umgangssprache Deutsch. Offiziell war Polen eine Republik, deren Adlige den Reichstag, den Sejm, bildeten und einen König als Oberhaupt wählten. Jedes Mitglied des Sejm hatte ein Vetorecht, außerdem durften Adlige, wenn sie keine Mehrheit im Sejm fanden oder wenn der König die Verfassung verletzte, formell rebellieren und eine „Konföderation“ bilden – was wiederum mit einer Gegenkonföderation erwidert werden durfte. Dabei zerfiel der Sejm in die Gruppe der mächtigen Magnaten, die eigene Höfe und Armeen unterhielten, und die Schlachta, den niederen, verarmten Adel.

Polen hatte aber nicht nur politisch schwierige Verhältnisse, es war auch wirtschaftlich zerrüttet und militärisch schwach. Nur ein Aspekt machte die polnische Krone für Friedrich August erstrebenswert: der Königstitel. Zwar war der sächsische Kurfürst einer der beiden Reichsverweser, die nach dem Tode eines Kaisers dessen Aufgaben bis zur Wahl eines Nachfolgers übernahmen, und er war auch der Führer der evangelischen Stände im Reichstag. Dennoch blieb auch ein Kurfürst nur einer von vielen Fürsten im Heiligen Römischen Reich Deutscher Nation. Mit einem Königstitel verfügte man über ein ganz anderes Renommee, was der brandenburgische Kurfürst ja ganz

Tagung des Sejm in Warschau, 1698

ähnlich sah. Allerdings hat Friedrich August schon im Februar 1697 handschriftlich einige Gedanken zur Zukunft Polens niedergelegt, wobei er sich nicht nur mit wirtschaftlichen und militärischen Problemen beschäftigte, sondern zum Beispiel auch die Gründung von vier Universitäten anregte, *Umb Pohlen in Flor und in ansehung gegen seine nachtbarn zu setzen.*

Magnaten und Schlachta waren zerstritten. Die Magnaten hatten kein Interesse daran, ein Oberhaupt aus ihren Reihen zu ernennen, und da der König sowieso wenig Macht hatte, konnte man aus der Wahl gehörig Kapital schlagen: Wer am meisten zahlte, wurde gewählt. Einzige Bedingung: Der König musste katholisch sein. Zudem sollte der Kandidat Staatsschulden tilgen und die seit Jahren ausstehende Besoldung der Kronarmee übernehmen.

Im Endeffekt gab es nur einen ernsthaften Gegenkandidaten: den französischen Prinzen François Conti, den Ludwig XIV. mit viel Geld ausstattete. Friedrich August dagegen musste fieberhaft Ländereien und Anwartschaften versilbern und seinen sächsischen Adligen und Städten Zwangsanleihen abpressen, um genügend Geld aufzutreiben. Am 2. Juni 1697 trat er dann in Baden bei Wien in der Wohnung eines Vetters, Christian Augusts von Sachsen-Zeitz, zum Katholizismus über – was zunächst geheim gehalten wurde.

Die Wahl des neuen Königs am 26. Juni 1697 auf einem Feld bei Warschau geriet zur Farce – am Ende riefen beide Lager ihren Kandidaten zum Sieger aus. Während Conti aber in Frankreich auf Nachricht wartete, verkündete Friedrich August seinen sächsischen Untertanen, er sei durch *sonderbare Göttliche Schickung zum König von Polen erwählt worden,* und machte sich auf den Weg zur Krönung. Unterwegs verteilte er mit vollen Händen Geldgeschenke. Am 15. September wurde Friedrich August in Krakau tatsächlich zum polnischen König gekrönt. Als Königsnamen wählte er August II. – der Erste dieses Namens, Sigismund II. August, hatte Polen Mitte des 16. Jahrhunderts zur Großmacht gemacht. Als Graf Conti Ende September im Hafen von Oliva bei Danzig landete, wurde er von königlichen Truppen aufs Schiff zurückgetrieben und segelte wieder heim. Augusts Frau Christiane Eberhardine blieb protestantisch, sie hat nie polnischen Boden betreten. Dennoch trug sie den Titel einer Königin von Polen.

Als König von Polen

Kriege

Friedrich Augusts Krönung zum polnischen König und vor allem der Konfessionswechsel brachten große Unruhe nach Sachsen. Der Kurfürst garantierte seinen Untertanen zwar mehrfach die Glaubensfreiheit. Doch seine Gegner

Die Friedensverhandlungen von Karlowitz 1698/99

hatten fortan ein wirkungsvolles Mittel in der Hand, um beim Volk Ängste vor einer Gegenreformation zu schüren.

Bereits Anfang des Jahres 1697 hatte Friedrich August einen Revisionsrat eingerichtet, der Steuerveruntreuungen und Missstände aufdecken sollte. In der Tat kamen Willkür, Falschmünzerei, Günstlings- und Misswirtschaft fast überall in den Städten und bei den höheren Adligen ans Licht. Lokale Revisoren reisten durchs Land, prüften, verhängten Geldbußen und Gefängnisstrafen. Beim Volk war das populär, doch die Stände schäumten. Statt nun aber konsequent zu bleiben, ließ sich der Kurfürst nach langen Verhandlungen auf dem Landtag 1700 kaufen: August brauchte Geld für seine Kriegspläne, und so blies er für eine Million Taler die Revision ab. Dies erwies sich als schwerer Fehler: Die Stände blieben stark und waren August fortan erst recht feindlich gesonnen.

Der König aber zog in den Krieg. Der türkische Sultan, mit dem Polen seit langem im Krieg lag, hatte sich kampflos zurückgezogen, und August hatte mit dem Frieden von Karlowitz 1699 Gebiete für Polen zurückgewonnen. Nun verabredete er mit dem jungen russischen Zaren Peter I. einen Angriffskrieg gegen Schweden, an dem sich auch die Dänen beteiligten. Russland und Dänemark wollten die Schmach einstiger Niederlagen wettmachen, während Polen – von Sachsen ganz zu schweigen – mit Schweden eigentlich nichts zu schaffen hatte. Doch August suchte das Abenteuer.

Zar Peter I., 1717

Schweden galt als militärisch ausgelaugt und durch eine Militärreform geschwächt, sein König war ein unerfahrener Achtzehnjähriger: Karl XII., ein Vetter Augusts (ihre Mütter waren Schwestern). August erwartete einen leichten Sieg, denn als es losging und seine Truppen in Livland einzogen, stand der Herrscher selbst nicht an ihrer Spitze. Vielmehr feierte er unterdessen in Dresden – was Zar Peter sehr erbost haben soll. Die polnischen Magnaten waren wenig begeistert von der ganzen Aktion und verweigerten der Kronarmee den Kriegsbefehl.

In Livland stieß die sächsische Armee auf unerwarteten Widerstand. Karl XII. erzwang vor Kopenhagen einen Frieden mit Dänemark, schlug am 20. November 1700 die russische Armee bei Narwa vernichtend und am 19. Juli 1701 die zahlenmäßig stärkere sächsische Armee an der Düna. Statt nun aber Frieden zu schließen, verrannte sich Karl XII. in den Krieg. Im Juni 1702 rückten die schwedischen Truppen in Warschau ein, nach der Schlacht bei Klissow Ende Juli auch in Krakau.

Karl behandelte Polen wie ein besetztes Land und forderte hohe Kontributionen ein, wodurch er die große Mehrheit des Adels wieder auf die Seite Augusts trieb. Sie bildeten die Konföderation von Sandomierz und begannen eine Art Guerillakrieg gegen die Schweden, dem Karl mit Brand- und Mordbefehlen begegnete. Es entwickelte sich ein brutaler Abnutzungskampf, den die schwedischen Truppen gegen die große Übermacht von Sachsen, Russen und Polen langfristig nicht gewinnen konnten.

König Karl XII. von Schweden

Kurzfristig aber feierte Karl einen Erfolg: „Geschützt" von schwedischen Soldaten, wählte eine kleine Adelsversammlung den jungen Wojewoden von Posen, Stanisław Leszczyński, am 12. Juli 1704 zum neuen polnischen König. Währenddessen saß August in Dresden, hoffte auf die polnische Guerilla und schlug sich mit den sächsischen Ständen herum.

Diesen Kampf ging er nun geschickter an: August wusste, dass eine indirekte Steuer, die auch den steuerbefreiten Adel betreffen würde und die Macht der Stadträte beschnitt, populär war. Er gab die Anweisung, die Generalkonsumptionsakzise (Mehrwertsteuer) überall dort einzuführen, wo die Bürgerschaft der Städte und die Zünfte dies schriftlich erbaten. Ende 1703 war die Steuer in 112 Städten eingeführt, die Stände waren überrollt. Noch 1703 installierte August eine oberste Steuerbehörde, 1706 entmachtete er den Geheimen Rat und begründete das Geheime Kabinett, Sachsens erste Vollzeit-Regierung, gebildet aus Männern seines Vertrauens.

König Stanisław Leszczyński

Ansonsten aber wurde 1706 zu einem schwarzen Jahr für August. Zunächst schlugen die Schweden im Februar die sächsische Armee bei Fraustadt (Wschowa), am 27. August rückten sie in Sachsen ein – die Habsburger hielten still, als die Schweden dabei deren schlesische Lande durchquerten.

Aus seinem Lager in Polen schickte August seinen Sekretär Georg Pfingsten mit einem

Übergabe der Schlüssel Leipzigs an Karl XII.

Vorschlag zum schwedischen König: Er werde als König von Polen abdanken, das Bündnis mit Russland beenden und sich nach Sachsen zurückziehen, wenn Karl Sachsen verschone, anderenfalls werde der Krieg weitergehen. Doch statt direkt ins schwedische Lager zu reisen, ritt Pfingsten nach Dresden und sprach mit dem Geheimen Rat. Und der erkannte die Chance, August weiter zu schwächen: Der kommandierende General ließ die militärische Reserve, die sich noch im Lande befand, gegen die Franzosen an den Rhein ziehen, so dass die Schweden bei ihrem weiteren Vormarsch keinen Widerstand mehr fanden. Nun erst reiste Pfingsten gemeinsam mit dem Geheimen Rat von Imhoff ins Lager des schwedischen Königs. Am 24. September unterzeichneten sie in Altranstädt bei Leipzig einen Friedensvertrag, für den sie überhaupt keine Vollmacht besaßen. In ihm verpflichtete sich August, für immer auf die polnische Krone zu verzichten, das Bündnis mit Russland zu kündigen, die schwedischen Truppen in Sachsen zu unterhalten und Kriegsentschädigung zu zahlen. Einziges Zugeständnis: Er durfte seinen Titel als König von Polen behalten.

August blieb nichts anderes übrig, als zähneknirschend zuzustimmen. Am 29. Oktober 1706 focht er die letzte Schlacht seines Lebens, bei Kalisch, wo die sächsisch-russischen Truppen unter seinem Oberbefehl eine schwedische Armee schlugen, dann kehrte er nach Dresden zurück. Im Dezember und Januar besuchte er mehrfach Karl XII. in dessen Lager in Altranstädt. Karl kam seinem Vetter jedoch keinen Millimeter entgegen und zwang ihn, alle Vertragspunkte zu akzeptieren.

Essen nach Vertragsunterzeichnung in Altranstädt

Er muss voll undt doll geweßen sein, als er die articlen eingangen ist; vor so ehrvergessen hette ich ihn mein leben nicht gehalten. Ich schäme mich von unßer nation, daß ein teutscher König so unehrlich ist, kommentierte Liselotte von der Pfalz in Paris die Nachrichten und sprach damit für die allgemeine Meinung in Europa. August aber hatte gelernt, langfristig zu denken. Er wusste, das Blatt würde sich wieder wenden. Auch den Vorschlag seiner Berater, Karl aus Altranstädt zu entführen, schlug er aus. In aller Stille ließ er seine Unterhändler Pfingsten und Imhoff inhaftieren, ansonsten stürzte er sich wieder ins fröhliche Dresdner Leben, wo er bald eine neue Frau an seiner Seite hatte: Anna Constantia von Hoym, die spätere Gräfin Cosel.

Die späten Jahre und Tod

Das Blatt wendete sich wirklich: Im September 1707 verließ Karl XII. Altranstädt und zog mit erholten und wesentlich vergrößerten Truppen erneut gen Osten. Zwar hatten die Schweden enorme Kontributionen in Sachsen eingetrieben, doch die Wirtschaft war intakt und erholte sich rasch. Beim mehrwöchigen Besuch Friedrichs IV. von Dänemark im Juni 1709 haute August dermaßen auf den Putz, dass der beeindruckte Vetter einen Bündnisvertrag unterzeichnete: Wer so viel Geld für Feiern ausgab, dem konnte es nicht schlechtgehen!

In Polen beharrte der neue König unterdessen darauf, dass alle von August vergebenen Ämter, Würden und Einkünfte zurückgegeben werden mussten, was dazu führte, dass die Konföderation von Sandomierz den Vertrag von Altranstädt für null und nichtig erklärte und August zur Rückkehr aufforderte. Und die Schweden rieben sich in Russland auf: Der Winter 1708/09 wurde einer der härtesten seit Menschengedenken, im Sommer 1709 verloren sie die Schlacht bei Poltawa, Karl XII. rettete sich in die Türkei. Nun erst kündigte August den Vertrag von Altranstädt und kehrte mit seinen Truppen nach Polen zurück. König Stanisław Leszczyński floh nach Schweden.

Die Schlacht bei Poltawa 1709

Mit dem weiteren Verlauf des Nordischen Kriegs, der sich noch bis 1721 hinzog, hatten Sachsen und Polen nichts mehr zu tun. August zog sich aus allen Auseinandersetzungen zurück und schloss 1719 mit den Schweden einen Waffenstillstand. Der große Sieger in Polen und Europa war Zar Peter, August hatte im Endeffekt nichts gewonnen.

Zurück in Polen, ging August unverzüglich daran, seine wiedergewonnene Macht auszubauen, seine beiden Staaten stärker zu verbinden und langfristig eine wettinische Erbmonarchie zu installieren. Der polnische Adel antwortete erneut mit einem bewaffneten Aufstand in Form einer Konföderation, bis Zar Peter schließlich vermittelte: Mit dem Vertrag von Warschau am 4. November

1716 verpflichtete sich August, die sächsischen Truppen und Beamten abzuziehen, die Verwaltungen beider Staaten streng zu trennen und mindestens neun Monate im Jahr in Polen zu sein – was später nicht mehr so genau genommen wurde. Auch in Polen war August also keinen Schritt weitergekommen, doch er lernte, mit dem Status quo zu leben. Es gelangen ihm noch einige Reformen zu seinen Gunsten, auch ging es wirtschaftlich mit Polen aufwärts.

Vor allem aber Sachsen florierte. August förderte die Wirtschaft nach Kräften und investierte in die Infrastruktur: Die Hauptstraßen wurden verbreitert, hölzerne Brücken durch steinerne ersetzt, das Postwesen auf Vordermann gebracht. Postmeilensäulen wurden aufgestellt und Kartenwerke erstellt. 1724 erschien der „Codex Augusteus", eine Sammlung aller Gesetze und Verordnungen in Sachsen seit 1482, als Richtschnur für die Landesbehörden. Es folgte eine Justizreform. Um viele Dinge kümmerte sich August selbst. Es gibt zahlreiche Akten von seiner Hand, Reformentwürfe und Anordnungen bis hin zur Feuersicherheit in den Kanzleien und den Schlössern. August stand in der Regel sehr früh auf und erledigte Aktensachen, Beratungen und Audienzen vormittags.

Der Aufschwung spülte Steuern in die Staatskasse, die August zwar mit vollen Händen, aber nicht unmäßig ausgab. Anders als seine Vorgänger baute er Staatsschulden ab, die zur Königswahl 1697 verpfändeten Landesteile konnten allesamt wieder eingelöst werden. Auch alle Staatskredite und Schuldverschreibungen wurden pünktlich bedient.

Die sächsische Wirtschaft war so erfolgreich, dass der preußische König Friedrich Wilhelm I. sich 1718 veranlasst sah, den Warenverkehr mit Sachsen drastisch zu beschränken und auf den Transfer sächsischer Waren hohe Zölle zu erheben. Sachsen blieb nichts anderes übrig, als zu verhandeln, um sich nicht wirtschaftlich ins eigene Fleisch zu schneiden oder den militärisch stärkeren Nachbarn herauszufordern. Erst 1728 wurde der Wirtschaftskrieg beendet.

In jenem Jahr lud August seinen preußischen Kollegen und dessen Sohn zum Karneval nach Dresden ein, und Friedrich Wilhelm zeigte sich in der Tat beeindruckt: *Sonst ist die hiesige Magnificence so groß, daß Ich glaube, sie habe bei Louis XIV. ohnmöglich größer sein können ... Ich springe und tanze, Ich bin mehr fatigiret, als wenn ich alle Tage zwei Hirsche tot hetze.* Im Annaburger Forst erlegte man 150 Fasane, ein fröhliches Gelage führte zur Gründung der „Société des antisobres" (der „Gesellschaft der Nichtnüchternen") mit August und Friedrich Wilhelm als Patron und Compatron. In fröhlicher Runde ließ sich besser Politik machen – das hatte der trinkfeste August früh gelernt.

Eine Zeitlang wurde sogar die Idee einer Heirat des 1727 verwitweten August mit der zwanzigjährigen preußischen Königstochter Wilhelmine erwogen. August sollte vier Millionen Taler und ein Truppenkontingent bekommen, Preußen im Gegenzug die Lausitz als Pfand für zwanzig Jahre. Doch die Hochzeit platzte, und die verletzte Wilhelmine setzte später viele Gerüchte in die Welt über ihren Fast-Ehemann, den sie doch kaum kannte.

In den 1720er Jahren verstärkte und reorganisierte August seine Armeen, die Ergebnisse zeigte er stolz bei der größten Militärparade des 18. Jahrhunderts: im Juni 1730 beim dreiwöchigen Heerlager bei Zeithain an der Elbe nahe Riesa. In einer Stärke von 30 000 Mann präsentierte sich die sächsische Armee, angetan mit neuen, bunten Uniformen, in Truppenübungen, Gefechten, Paraden und sogar einer Elbquerung. Daneben wurden den Gästen aus ganz Europa mit ungeheurem Aufwand Festlichkeiten aller Art geboten: Feuerwerke, Illuminationen auf einer Elbflotte, Theaterstücke, Ballettaufführungen in einem eigens gebauten Opernhaus und täglich zwei warme Speisen. Legendär wurde der 9,00 Meter lange, 3,30 Meter breite und 1,40 Meter hohe Riesenstollen, den die Dresdner Bäcker aus 20 Zentnern Mehl, 3600 Eiern und 326 Kannen Milch backten und der auf Ketten und Walzen von acht Pferden aus dem eigens errichteten Backofen gezogen werden musste. In einem Druckwerk wurde die ganze Pracht der Nachwelt festgehalten. Ein etwas kleineres Heerlager folgte im August 1732 in Czerniachów.

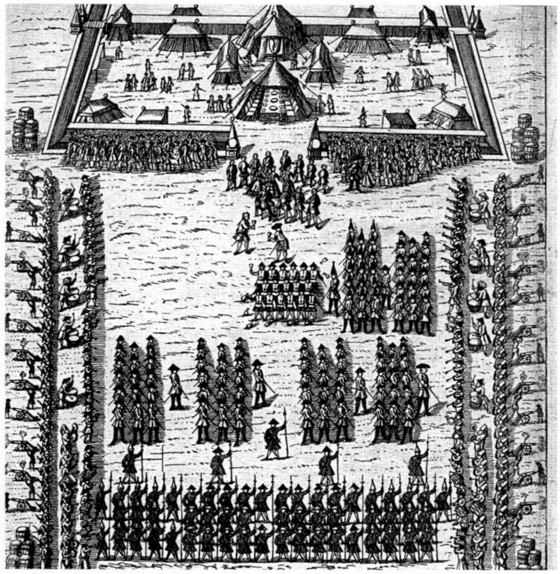

Das Heerlager bei Zeithain

Acht Pferde ziehen den Riesenstollen von Zeithain

Anfang 1733 besuchte August, wie so oft, die Neujahrsmesse in Leipzig und das Karnevalsfest in Dresden, ehe er am 10. Januar nach Warschau aufbrach. Unterwegs wurde er mehrfach ohnmächtig, in Warschau ging es ihm zunehmend schlechter, am frühen Morgen des 1. Februar 1733 starb August der Starke, 62-jährig und im 39. Regierungsjahr, in Warschau.

Augusts Leichnam wurde einbalsamiert, für einige Tage aufgebahrt und dann nach Krakau überführt. Die Vorbereitungen für die Begräbniszeremonie dauerten fast ein Jahr – erst am 15. Januar 1734 wurde August in der Krakauer Kathedrale beigesetzt. Sein Herz brachte man, seinem Wunsch gemäß, in einer silbernen, innen vergoldeten Kapsel nach Dresden, wo es in der alten katholischen Kapelle am Schloss beigesetzt wurde. Heute befindet es sich in der Königsgruft der Hofkapelle.

Residenzschloss

Nach dem Schlossbrand 1701 plante August, sich eine neue Residenz zu erbauen, was jedoch am fehlenden Geld scheiterte. Stattdessen entstanden 1718/19 im zweiten Stock neue Repräsentationsräume: der Riesensaal, der nach Augusts Tod unterteilt wurde (kürzlich aber für die Rüstkammer als großer Raum wiedererstanden ist), das Riesengemach, das Turmzimmer, das als Porzellanzimmer genutzt wurde, und der Steinerne Saal, in dem Augusts Thron stand. Im Westflügel schlossen sich die kurfürstlichen Paradezimmer an (die derzeit rekonstruiert werden): zwei Vorzimmer, Paradeaudienzgemach und Paradeschlafzimmer.

Die Fassaden des Großen Schlosshofs sind wiederhergestellt (ganz oben), und auch der Riesensaal hat seine alte Größe und seine Decke in Anlehnung an das historische Original wiedererhalten (links). Der Kleine Schlosshof dient als zentrales Besucherfoyer (oben).

Die Hofkirche (mit der Semperoper im Hintergrund). 47 Wettiner wurden in der Stiftergruft beigesetzt, das Herz Augusts des Starken befindet sich in einer Urne über den Sarkophagen seines Sohnes und seiner Schwiegertochter.

Hofkirche

Die Katholische Hofkirche, die heutige Kathedrale des Bistums Dresden-Meißen, entstand erst 1739–55 unter Augusts Sohn und Nachfolger, Architekt war der Italiener Gaetano Chiaveri. Seit der Weihe 1751 diente sie den Wettinern als Grablege. Die Urne mit dem Herz Augusts des Starken befindet sich in der Stiftergruft unter der Sakramentskapelle, rechts vom Haupteingang. Sie ist nur mit Führung zu besichtigen.

Königstein

Als Festungsfachmann war August fasziniert von der Festung Königstein, die hoch über dem Elbtal auf einem Tafelberg thront und nie eingenommen wurde. Wie seine Vorgänger nutzte er sie als sicheren Aufenthaltsort für Schätze und Staatsgefangene, aber auch als Quartier bei Jagdausflügen sowie als Renommierobjekt – so 1728, als er die Burg gemeinsam mit dem preußischen König und dessen Sohn besuchte. Im Keller der Magdalenenburg durften die Preußen das mit 240 000 Litern größte Weinfass der Welt bewundern, das allerdings nur hundert Jahre hielt, seine Größe ist heute in einer Installation nachzuempfinden. 1731 ließ August einen Beobachtungsturm zum baro-

Blick vom Königstein ins Elbtal und über die Höhen der Sächsischen Schweiz. August und seine Gäste betraten die Burg durch das Torhaus aus dem späten 16. Jahrhundert. Augusts Relief über dem Portal wurde 1910 hinzugefügt.

cken Lustschlösschen Friedrichsburg umbauen, Clou des Festsaals im Obergeschoss war die „Maschinentafel", ein höhenverstellbarer Tisch.

Die neue Dauerausstellung „In lapide regis" schildert die Geschichte der Festung. Interessant sind im Zusammenhang mit August dem Starken unter anderem die lebensgroßen Figuren von August, seiner Tochter Gräfin Orzelska und des preußischen Königs in den „Königszimmern", in denen August bei seinen Besuchen wohnte. Außerdem gibt es hier eine schöne Nachbildung des stattlichen „Kutschenzugs", mit dem der König von Dresden auf den Königstein reiste: mit 140 Pferden und Fuhrwerken, Geschirr, Möbeln, Speisen und dem Königsthron. Eine Waage erinnert an jene, auf der die Gäste zur allgemeinen Belustigung bei Ankunft und Abreise gewogen wurden. Im Wiegebuch ist bezeugt, dass mancher Besucher durch die Festivitäten fünf Kilogramm zugenommen hatte.

Zwei Highlights der neuen Ausstellung auf der Festung Königstein: Der „Große Königszug" (links) und die lebensgroßen Figuren von August, König Friedrich Wilhelm I. und der Gräfin Orzelska (oben). Rechts der Blick von der gegenüberliegenden Seite der Elbe auf die Festung.

Die Prinzenhochzeit 1719

Das Fest des Jahrhunderts

Das prachtvollste Fest des 18. Jahrhunderts fand im September 1719 in Dresden statt. Anlass war die von August planvoll in die Wege geleitete Hochzeit des sächsischen Kurprinzen mit der Wiener Kaisertochter Maria Josepha. 1711 war Kaiser Joseph I. gestorben und hatte zwei Töchter hinterlassen, darunter als ältere Maria Josepha. Sein Nachfolger und Bruder Karl VI. hatte zwar 1713 die „pragmatische Sanktion" erlassen, die seine eigene Tochter Maria Theresia zur Nachfolgerin bestimmte, doch dem mussten die Reichsfürsten zustimmen. Und die, das wusste August, waren in solchen Fragen käuflich. August akzeptierte sogar die Bedingung Karls VI., die Braut müsse zuvor in aller Form auf die Thronfolge verzichten. Denn auch das war nur ein Stück Papier.

Maria Josepha von Österreich

Am 20. August 1719 heiratete Friedrich August II. die fromme, streng katholische Maria Josepha in Wien, am 2. September begann der vierwöchige Feiermarathon in Dresden, für den August die sieben Planetengötter zum Thema gewählt hatte. Von Pirna aus wurde das Hochzeitspaar mit einem venezianischen Lustschiff nach Dresden gebracht, wo es in einem Zug mit über hundert geschmückten Kutschen vom Elbufer ins Residenzschloss fuhr. Täglich standen mehrere Lustbarkeiten und kulturelle Höhepunkte auf dem Programm: zahlreiche Theater- und Opernaufführungen, Konzerte und ein Ball, mit dem der neuge-

Die Ankunft Maria Josephas im Schlosshof

Die frischgebackene Kurprinzessin im Audienzzimmer des Dresdner Schlosses

staltete Riesensaal im Schloss eingeweiht wurde, ein Schiffsrennen auf der Elbe, ein *Damen-Rennen* mit Kutschen und *Ringspiele* im Zwinger, ein Feuerwerk, das den sagenhaften Kampf um das Goldene Vlies darstellte, ein Marsfest (bei dem August den Gott Mars darstellte) und ein Jupiterfest (mit August als Jupiter), ein Fest zu Ehren der Göttin Erda und ein Merkurfest mit dem *Fest der zwölf verschiedenen Völcker nebst der dabei angeordneten Wirth-*

Feuerwerk während der Hochzeitsfeierlichkeiten, 10. September 1719

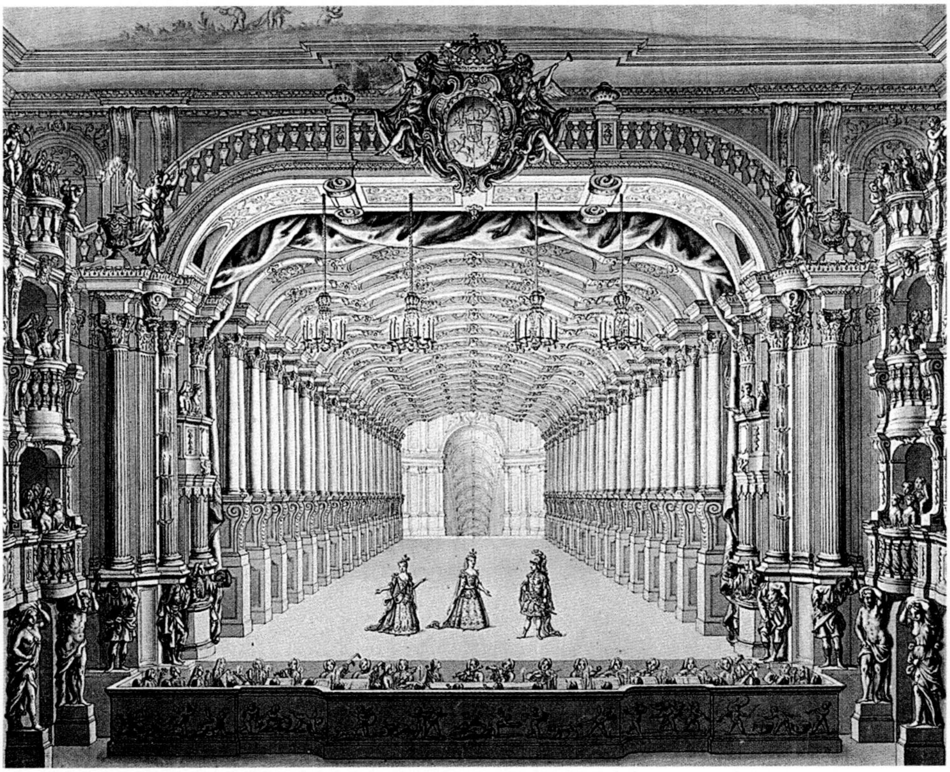

Das neuerbaute Opernhaus am Zwinger

schafft und dem kostbaren Jahrmarckt. Im Großen Garten beging man das Venusfest, zu dem auch Händel und Telemann angereist waren, und im Plauenschen Grund vor den Toren der Stadt das Saturnfest, bei dem dreihundert erzgebirgische Bergleute paradierten. Den Abschluss bildete eine Festwoche mit Tierkämpfen, Jagden und *Seeschlachten* auf Schloss Moritzburg. Sämtliche Feiern wurden in Dichtungen und Kupferstichen für die Nachwelt festgehalten.

Der Bräutigam

Der Kurprinz, Augusts einziges eheliches Kind, war damals knapp 23 Jahre alt. Bei der Königswahl hatte August versprochen, Frau und Sohn nach Polen nachkommen und katholisch werden zu lassen. Christiane Eberhardine weigerte sich allerdings und verbot auch dem Sohn, das Versprechen des Vaters einzulösen, woraufhin August die Erziehung des Kurprinzen ganz seiner Mutter übertrug. Die Grundsätze aber bestimmte er: Im Zentrum stand die humanistische Bildung, besonders Sprachen, außerdem wurde der Prinz in die Jagd eingeweiht.

Die im Volk beliebte alte Kurfürstin Anna Sophie residierte mit einem eigenen Hofstaat auf Schloss Lichtenburg in Prettin, heute Sachsen-Anhalt, die eher stille Christiane Eberhardine, die es im Sündenpfuhl Dresden nicht aushielt, nicht weit entfernt in Torgau oder in Pretzsch auf der anderen Elbseite. Beide Frauen verstanden sich in ihrer lutherisch-frommen Geisteshaltung gut.

August betrachtete seinen Sohn als phlegmatisch und wenig standhaft. Eigentlich war da eine prinzipientreue lutherische Erziehung genau das Falsche, wenn er ebenfalls polnischer König werden sollte. August ließ die Dinge aber laufen, bis seine Mutter den Kurprinzen im Oktober 1710 gegen Augusts Willen konfirmieren ließ. Ein halbes Jahr später war August zu Gast in Prettin. Nach dem Essen, so berichtete ein Kammerherr später, *hob der König die Tafel auf, verabschiedete sich von der Gesellschaft und befahl dem Prinzen, sich in der Kutsche an seine Seite zu setzen, unter dem Vorwand, ihn nur bis zum Ufer des Flusses mitnehmen zu wollen*. August aber ließ ihn erst in Dresden aussteigen.

Friedrich August II. von Sachsen

August reiste mit seinem Sprössling nach Polen und schickte ihn dann auf Kavalierstour nach Paris und Italien, wo er Jahre in Venedig verbrachte. Erst 1717 kehrte der Kurprinz nach Dresden zurück. Bereits im November 1712 war er in der Privatkapelle eines Kardinals in Bologna zum katholischen Glauben übergetreten, was aber erst 1717 publik gemacht wurde, als die Großmutter gestorben war und er um die Hand der Habsburgerprinzessin anhielt. August weihte seinen Sohn nun in die Regierungsgeschäfte ein und übertrug ihm die Verantwortung für Sachsen, wenn er selbst in Polen war. Seinen Traum einer wettinischen Erbmonarchie in Polen konnte August nicht verwirklichen, polnischer König wurde sein Sohn – als August III. – dennoch: 1733 kam es erneut zu einer Doppelwahl, aus der der Wettiner am Ende als Sieger hervorging.

Zwinger

Der Zwinger wurde 1709 nach Plänen von August dem Starken als Orangerie des geplanten neuen Residenzschlosses begonnen, dann aber im Vorfeld der Hochzeitsfeierlichkeiten 1719 als Festkulisse neu geplant und unter Hochdruck zu einem respektablen Abschluss gebracht. Wirklich fertiggestellt war die Anlage erst 1728. Nach den Worten seines Architekten Pöppelmann sollten hier stattfinden: *öffentliche Bälle, Gastmahle, Schnepper-Schießen, Illuminationes, Damen-Rennen, Schlitten-Fahren; vornehmlich aber das in seiner Arth ganz unvergleichliche poßierliche Ring-Rennen*. Unmittelbar angebaut wurde ein riesiges Opernhaus.

Nach 1719 wurde im Zwinger nur noch selten groß gefeiert. Und so kam August auf die Idee, die *sämtlichen Gallerien und Säle*, aus denen man die mehr als tausend Orangenbäume bereits in den Herzogingarten gebracht hatte, für *Ihre sämtliche pretieuse, curieuse und rare Cabineter von Medaillen, Naturalien, Antiquitäten, Mineralien, Petrefactis, Animalien, Insecten, Conchilien, curieuser in Bernstein befindlicher bewundernswürdigen Sachen, auch mancherley Gattungen inn- und ausländischer Hölzer* zu nutzen. So wurde der Zwinger 1730 zu dem, was er heute wieder ist: ein hochkarätiges Museum in ungemein beschwingter Architektur.

Der Zwinger beeindruckt nicht nur als Gesamtkomposition (hier der Blick nach Süden), es gibt auch unzählige Details zu entdecken, etwa im Nymphenbad (links), am Glockenspielpavillon (oben) oder am Kronentor (rechts).

Schloss Hubertusburg, Wermsdorf

Nur die Kapelle zeugt heute noch vom einstigen Glanz des Jagdschlosses Hubertusburg, alle anderen Räume wurden im Siebenjährigen Krieg verwüstet und später verändert. Rechts ein Blick vom Schlosshof aufs Hauptgebäude.

Das Schloss Hubertusburg, auf halbem Wege zwischen Dresden und Leipzig gelegen, ist angeblich das größte Landschloss Europas – ein Superlativ, den man schlecht verifizieren kann, der aber zu August dem Starken passen würde. Am Hubertustag, dem 3. November 1721, tat August seinen Beschluss kund, seinem Sohn Friedrich August II. ein standesgemäßes Jagdschloss bauen zu lassen. Bis 1733 entstand es nach Plänen Johann Christoph Naumanns, der neue Kurfürst und August III. von Polen, der sich hier gern und oft zur Jagd und zu Feierlichkeiten aufhielt, ließ es von 1739 bis 1751 nach Plänen von Johann Christoph Knöffel noch einmal umbauen. Seine beeindruckende äußere Gestalt ist erhalten, das Innere wurde 1761 von den Preußen geplündert und verwüstet – zwei Jahre, bevor am 15. Februar 1763 der Siebenjährige Krieg in diesem Schloss mit dem Frieden von Hubertusburg zwischen Sachsen, Preußen und Österreich beendet wurde. Wenig später starb der Sohn von August dem Starken, und damit endete das sogenannte Augusteische Zeitalter. In den letzten zweieinhalb Jahrhunderten wurde das Schloss unter anderem als Fayence-Manufaktur, Getreidelager, Lazarett, Schule und Gefängnis genutzt. Heute sind hier ein Krankenhaus und Archive untergebracht.

Hirsche zieren den Turm des Schlosses – sogar die Windfahne stellt einen springenden Hirsch dar.

August und die Festkultur

Der gemeine Mann, welcher bloß an den äusserlichen Sinnen hangt, und die Vernunfft wenig gebrauchet, kann sich nicht allein recht vorstellen, was die Majestät des Königs ist, aber durch die Dinge, so in die Augen fallen, und seine übrigen Sinnen rühren, bekommt er einen klaren Begriff von seiner Majestät, Macht und Gewalt. Julius Bernhard von Rohr brachte es in seiner „Einleitung zur Ceremoniel-Wissenschafft der großen Herren“ 1733 auf den Punkt. Im Barock feierte man nicht bloß zum Vergnügen, sondern stets auch, um die Untertanen zu beeindrucken – und andere Fürsten. Die auswärtigen Gesandten berichteten stets nach Hause, ob der Gastgeber knausern musste oder prassen konnte. Im letzteren Fall kam er als Bündnispartner in Frage – denn nur wer genügend Geld für sein Militär besaß, konnte auch etwas verjubeln.

August der Starke hatte das Feiern von seinem Großvater und seinem Vater gelernt, auch der Karneval hatte in Dresden eine lange Tradition. Doch er hob die Festkultur auf eine völlig neue Stufe. *Kein Ort in der Welt sieht einen solchen Schauplatz ähnlicher als Dresden*, schrieb Goethes Großonkel Johann Michael von Loen 1718. *Hier gibt es immer Maskerade, Heldengeschichten, Abenteuer,*

Ein Ringrennen vor dem Schloss, am Ort des heutigen Zwingers, 1710

Wirtschaften, Jagden, Schützen- und Schäferspiele, Kriegs- und Friedensaufzüge, Zeremonien, Grimassen, schöne Raritäten: kurz, alles spielt. Man siehet zu, man spielet mit, man wird selbst gespielt.

Feste des Herrschers waren Pflichttermine für den Hofadel und die geladenen Gäste, bei Kostümfesten wies August ihnen ihre Rollen zu oder ließ das Los entscheiden. Auch die Kostüme ließ er manchmal eigens entwerfen und anfertigen. Dabei stand der König nicht nur stets im Mittelpunkt – er führte auch mit Begeisterung Regie und bestimmte, obwohl es einen *Directeur des plaisirs* gab, alles selbst: von den Dekorationen und Kostümen über die Regeln für die Spiele und Wettkämpfe, die Lotterien (gegebenenfalls auch, wer gewinnen sollte) bis hin zur Tischordnung, der Speisenfolge und der Wahl des jeweiligen Service.

Das Festmotto enthielt oft eine politische Botschaft. Bei seinem ersten Karneval 1695 inszenierte August einen „Götteraufzug“, dessen Reigen er selbst als von den Göttern den Menschen geschickter Bote Merkur anführte. Die Damen und Herren des Hofes und einige wenige Leute aus dem Volk folgten als weitere Götter und Trabanten auf jeweils prächtig ausgestatteten Wagen. Beim Karneval 1697 trat er als Alexander der Große auf.

Aufzug zum Karussell-Rennen 1709

Beschränkten sich die Feierlichkeiten in den ersten Jahren noch auf den Bereich des Schlosses oder der kurfürstlichen Besitzungen, so wurde später die halbe Stadt miteinbezogen, inklusive der Bevölkerung. *Er war so geartet*, schrieb der Leipziger Jurist Adam Friedrich Glafey 1721, *daß Er kein Divertissement gern für Sich alleine behielt, sondern andere überaus gerne derselben theilhaftig werden ließ, gestalten denn zu Seinen Redouten, Opern, Comödien und anderen Lustbarkeiten jedermann, Hoch und Niedrig, so viel nur der Platz leiden und fassen wollte, zugelassen wurde.* Berichten zufolge mochte August es gar nicht, wenn man das Volk von ihm fernzuhalten versuchte. Dass er sich seiner gottähnlichen Stellung dabei immer bewusst war, darf man voraussetzen.

Die beliebten *Bauernwirtschaften*, bei denen sich August als Wirt oder als *Chef der Schäfer* inszenierte, waren reine Folklore, wie die „bäuerlichen“ Speisen zeigen, mit denen August den dänischen König 1709 bewirtete: Mandeln, Rosinen, Südfrüchte, Kastanien, Gebäck.

Auch außerhalb der großen Feste spielten Musik und Theater, Oper und Ballett eine große Rolle an Augusts Hof. So befand sich zum Beispiel stets ein Orchester in seinem Tross, wenn er zwischen Dresden und Warschau unterwegs war. Mit Augusts Tod endete die Glanzzeit der Dresdner Festkultur, sein Sohn hielt eher Abstand zum Volk.

Der Barockgarten Groß-sedlitz ist zwischen zwei Hängen angelegt, 64 Sandsteinskulpturen und zahlreiche Schmuckvasen sind über die gesamte Anlage verteilt. Oben das Friedrichschlösschen und die Obere Orangerie.

Garten Großsedlitz

Schloss und Garten Großsedlitz entstanden ab 1719 für den Grafen Wackerbarth. 1723 kaufte August die Anlage und ließ den Garten wesentlich vergrößern und neu gestalten. Den Plan, ein neues Schloss zu errichten, gab er bald wieder auf. Am 3. August 1727 feierte er hier zum ersten Mal, gemeinsam mit dem für nur wenige Stunden aus Dresden angereisten Hof, das Fest des (polnischen) weißen Adlerordens. Wie beabsichtigt zur Tradition wurde das Fest unter seinem Sohn, der es hier jeweils am 3. August noch zwölfmal feierte. Das nach Plänen von Knöffel erbaute Schloss wurde nach 1871 durch das heutige Friedrichschlösschen ersetzt. Der Barockgarten aber sieht noch immer aus wie zu Augusts Zeiten.

Palais und Garten Zabeltitz

Das Alte Schloss in Zabeltitz (links) ließen sich Augusts Vorfahren Christian I. und Christian II. bauen, das barocke Palais und der Garten entstanden für Augusts Minister Wackerbarth.

Ebenfalls für den Grafen Wackerbarth und nach Plänen des Hofbaumeisters Johann Christoph Knöffel entstanden 1728–30 in Zabeltitz, heute ein Stadtteil von Großenhain, das Palais und ein großzügiger Barockgarten mit mehreren Teichen. Das Schlösschen ist im Kern eine Renaissancewasserburg, in der Nachbarschaft steht noch das Alte Schloss, ein Renaissancebau aus dem 16. Jahrhundert, in dem unter Kurfürst Christian II. Pferde (im Erdgeschoss) und Gäste der kurfürstlichen Jagden (im Obergeschoss) untergebracht wurden. Das Schloss befand sich bis 1728 im Besitz Augusts des Starken.

August und das höfische Spiel

Von der harten Last des Regierens mussten sich die Fürsten natürlich erholen, und das taten sie nicht zuletzt bei Sport und Spiel. Hauptort des höfischen Spiels, das barocktypisch strengen, vom Fürsten bestimmten Regeln folgte, war in Sachsen seit den 1720er Jahren Schloss Pillnitz, ein stattlicher Renaissancepalast, den Augusts Bruder kurz vor seinem Tod erworben hatte. 1720/21 hatte August den Plan zu einer riesigen Garten- und Schlossanlage entwickelt, die den Auftakt zu einer üppigen Residenzlandschaft längs der Elbe bilden sollte. Schließlich schrumpfte das Programm auf zwei kleine Palais im „indianischen" (sprich ostasiatischen) Stil zusammen: das Wasserpalais direkt am Fluss und, parallel stehend, das Bergpalais.

In hölzernen Anbauten vergnügte sich die Hofgesellschaft mit Brettspielen aller Art – Dame, Mühle, Schach, Tric Trac (Backgammon) und zahlreichen weiteren, heute in Vergessenheit geratenen –, beim Würfeln oder am Glücksrad. Im Garten gab es Schaukeln und Wippen, Kegelbahnen und eine Art Minigolfparcours. Man schoss mit Pfeil und Bogen oder der Armbrust, wetteiferte beim volleyballähnlichen Ballon-Spiel oder beim Korbwerfen. Die heutige Orangerie

Das alte Schloss Pillnitz vor 1720

war im Kern ursprünglich das *Ringrennhaus*: Hier saßen die Damen auf einem Karussell mit hölzernen Pferden und Wagen und stachen mit Lanzen nach Ringen.

Fünf Herren beim Kartenspiel

Aber in Pillnitz beging man auch jährlich wiederkehrende Festivitäten, sofern der König im Lande war: die Auerhahn- und Reiherbeize im Frühjahr, das viertägige Schützenfest im April, den Geburtstag des Herrschers am 12. Mai und die sommerliche *Bauernhochzeit* oder *Bauernwirtschaft*, in deren Vorfeld Lose darüber entschieden, welche Figuren die Mitglieder des Hofes darzustellen hatten. Im Herbst folgten die Wasserjagd und das Winzerfest.

Vom Pillnitzer Wasserpalais (oben) führt eine Freitreppe ans Elbufer, wo einst Gondeln für August und seine Gäste bereitstanden. Im Schlosspark findet sich eine für Friedrich August III. gebaute Tritonengondel (unten, darüber die Galionsfigur). Das Bergpalais (rechts) ist ein Spiegelbild zum Wasserpalais. Auf beide Gebäudeteile ist das Kunstgewerbemuseum verteilt.

Schloss Pillnitz

1788–91 wurden die beiden Palais um die seitlichen Flügelbauten erweitert, nach dem Brand des alten Schlosses entstand bis 1826 das Neue Palais, so dass die Anlage heute anders wirkt als zu Augusts Zeiten. Auch im Innern wurden die beiden Pöppelmann-Palais verändert, teilweise stilvoll im 19. Jahrhundert, teilweise nüchtern museal. Seit 1963 ist hier das Kunstgewerbemuseum untergebracht. Zu bewundern sind neben anderem der Thronsessel von August dem Starken aus dem Dresdner Schloss, Silberservices und Möbel.

Sehenswert ist auch die im Park aufgestellte Gondel. August hat mehrere Gondeln, auch eine Prunkgondel für sich selbst, bauen lassen. In solchen roten und blauen Booten, gesteuert von deutschen oder venezianischen Gondolieri, waren August und seine Gäste auf der Elbe unterwegs.

Die lange Allee nach Hosterwitz (links) wurde auch für das Maille-Spiel, eine Art Croquet, genutzt. Die Weinbergkirche entstand oberhalb des Schlosses 1723–25 nach Plänen von Pöppelmann. Im Kunstgewerbemuseum sind die Thronsessel der Wettiner zu bewundern, darunter der von August dem Starken (auf dem Foto der zweite von rechts).

August und die Frauen

Vernunftehe

Sein größtes Vergnügen war die Liebe, obwohl er nicht soviel Spaß an ihr fand, wie er alle glauben machen wollte. Er hat geliebt, um Aufmerksamkeit zu erregen, jedoch auch gern geheimnisvoll, besonders am Anfang. Er war, wie er selbst sagte, nicht der Kühnste in Liebesdingen, und so hat er sich nicht oft der Gefahr ausgesetzt, abgewiesen zu werden. Er hat mehrere Abenteuer bestanden, die meisten harmloser Natur, doch hat er dabei immer Schwierigkeiten sich entwickeln lassen, um sie romanhaft zu machen. So beurteilte es Flemming 1722.

Verständlicherweise weiß man nicht viel über die Frauengeschichten Augusts des Starken. Dabei muss man zwischen seinen Mätressen und seinen sonstigen Liebschaften unterscheiden. Es ist eine merkwürdige Sache mit den Fürsten und ihren Affären. Ehebruch galt allgemein als nicht akzeptabel und wurde von der evangelischen wie der katholischen Kirche verteufelt. Ein Gutachten dreier berühmter Professoren aus Halle/Saale urteilte jedoch: *Das Odium in Concubinas muss bei großen Fürsten und Herren cessieren, indem diese den legibus privatorum poenalibus nicht unterworfen, sondern allein Gott von ihren Handlungen Rechenschaft geben müssen.* Zu Deutsch: Für Fürsten ist Ehebruch kein Problem, weil sie sich nicht vor den menschlichen Gesetzen, sondern allein Gott gegenüber zu verantworten haben.

Christiane Eberhardine

Liebesheiraten waren selten, man heiratete aus politischen, wirtschaftlichen oder anderen Gründen, und in der Regel bahnten die Eltern die Hochzeiten an. Das galt erst recht für Fürsten und Fürstinnen: Die Ehe von August und Christiane Eberhardine war eine reine „Vernunftehe". August hat seine Frau bis zu ihrem Tod 1727 stets mit Respekt behandelt und ihr sogar ein adliges Fräuleinstift in Pretzsch finanziert – geliebt hat er sie sicherlich nicht. Drei Jahre nach der Hochzeit brachte sie den Thronfolger zur Welt und hatte aus Augusts Sicht damit vermutlich ihre wichtigste Pflicht erfüllt. Fortan sahen sie sich nur noch selten, worunter Christiane sehr gelitten hat.

Mätressen und Geliebte

Aurora von Königsmarck

Nur elf Tage nach seiner Geburt bekam der Kurprinz bereits ein Geschwisterchen: den Halbbruder Moritz. Er war das erste von acht unehelichen Kindern, die August sämtlich anerkannte: vier Töchter und vier Söhne von fünf Müttern. Es gibt keinen Hinweis darauf, dass er weitere Kinder hatte oder zumindest von ihnen wusste.

Bereits ein Jahr nach seiner Hochzeit hatte sich August eine Mätresse zugelegt, Aurora von Königsmarck. Bis 1722 folgten sechs weitere, darunter als berühmteste die Gräfin Cosel von 1705 bis 1713. Mätresse war eine Art Hofamt und ein übliches Statussymbol absolutistischer Herrscher. Die Mätresse erhielt ein fest vereinbartes Jahresgehalt, nahm an Empfängen und Staatsakten teil (manchmal selbst dann, wenn die Königin anwesend war) und genoss hohes Ansehen in der Gesellschaft. Die Wahl der Mätresse war eine Gefühlsentscheidung, doch auch da spielten politische Motive eine Rolle. So wählte August im Jahr 1700 bewusst eine Warschauerin, Katharina Lubomirska, zur Mätresse, und als er die polnische Krone 1706 verlor, erhielt auch sie ihren Abschied. Augusts Mätressen waren unverheiratet, geschieden oder lebten getrennt von ihrem Mann – man weiß von keinem Fall, in dem er einen Ehemann ausgeschaltet oder eine Frau gezwungen hätte, wie es andere Fürsten durchaus taten. Und bei allen seinen Mätressen sorgte August dafür, dass sie nach dem offiziellen Abschied gut verheiratet oder anderweitig versorgt wurden.

Einigen seiner Gefährtinnen blieb August nach der Trennung freundschaftlich verbunden, und auch zu seinen unehelichen Kindern hielt er lebhaften Kontakt – was dem Kurprinzen und dessen Frau ein steter Dorn im Auge war. August ließ seine Kinder gut erziehen und seine Töchter standesgemäß verheiraten. 1728 besuchte er Berlin in Begleitung des Kurprinzen und vier weiterer Kinder, bei der Hochzeit seiner Tochter Augusta Constantia 1728 versammelte er sogar acht illegitime Kinder zum gemeinsamen Familienfest – nur die Brautmutter, die Gräfin Cosel, fehlte.

Neben den Mätressen unterhielt August wei-

Fatima

Anna Karolina Gräfin Orzelska

tere Affären. Man weiß von einer Türkin namens Fatima, mit der er eine Tochter und einen Sohn hatte, und von einer vermutlich französischen Weinwirtin in Warschau, Henriette Rénard-Duval. 1723 erfuhr August, dass auch diese Verbindung nicht ohne Folgen geblieben war: Sein und Fatimas Sohn Friedrich August spürte die Halbschwester Anna Karolina in Paris auf und stellte sie dem Vater vor. August legitimierte die Siebzehnjährige und erhob sie zur Gräfin Orzelska. Die schöne und temperamentvolle Frau, zudem angeblich trinkfest und tollkühn auf der Jagd, wurde zu seiner liebsten Begleitung. Die von ihm verschmähte Wilhelmine von Bayreuth setzte später in die Welt, August habe „Blutschande“ mit seiner Tochter getrieben, doch dafür gibt es keinen Hinweis. Vermutlich hatte August – bereits über fünfzig Jahre alt und deutlich geschwächt von der Diabetes – keine Lust mehr auf Bettgeschichten. 1730 verheiratete August Anna mit einem Herzog von Holstein-Beck und stattete sie mit einer großen Mitgift aus.

Augusts Lieblingssohn war übrigens nicht der Kurprinz, sondern sein ältester unehelicher Sohn, Moritz Graf von Sachsen, der ein berühmter Feldherr für Frankreich wurde und nach der Schlacht von Fontenoy 1745 das Loire-Schloss Chambord geschenkt bekam.

Gräfin von Cosel

Die bekannteste der Mätressen Augusts war die 1680 in Holstein geborene Anna Constantia von Brockdorff. Sie lebte 1704, als August sie kennenlernte, bereits in Trennung vom sächsischen Finanzminister von Hoym und wurde auf Betreiben Augusts 1707 vom Kaiser zur Reichsgräfin von Cosel erhoben.

Sie galt als attraktiv, charmant und intelligent, aber auch als ehrgeizig, aufbrausend und habgierig. Ihr Exmann von Hoym warnte August früh vor ihr. August scheint jedoch wirklich verliebt gewesen zu sein – und Anna Constantia wusste das zu nutzen. Sie handelte

Anna Constantia Reichsgräfin von Cosel

ein Jahreseinkommen von 100 000 Talern aus (fast so hoch wie das der Königin), erhielt Schloss und Gut Pillnitz (den Vorgängerbau der heutigen Anlage) und ein prächtiges neues Stadtpalais, das Taschenbergpalais. August gab ihr sogar ein Eheversprechen für den Fall, dass die Kurfürstin stürbe. Gemeinsam hatten sie zwei Töchter und einen Sohn, der sich 1762–64 das Coselpalais hinter der Frauenkirche erbauen ließ.

Mit ihrer Arroganz und dem Versuch, die Politik des Landes mitzubestimmen, machte sie sich zahlreiche Feinde am Hof, was ihr rasch zum Problem wurde, als Augusts Leidenschaft erkaltete. Bereits 1711 brachte sie 31 große Kisten voller Schmuck, Geschirr und kostbarer Stoffe bei ihren Eltern in Holstein in Sicherheit. Als sie Augusts polnische Ambitionen, die sie für dumm hielt, zu hintertreiben versuchte und August befürchtete, sie werde sich mit den Ständen verbünden, entzog er ihr 1713 das Taschenbergpalais und verbannte sie damit nach Pillnitz. Die Trennungsverhandlungen, die August nicht selbst führte, verliefen unschön. Die tief verletzte Gräfin pochte auf das Eheversprechen und drohte ganz unverhohlen, Staatsgeheimnisse auszuplaudern. Auch mit noch so viel Geld wollte sie sich nicht abspeisen lassen. Schließlich floh sie im Dezember 1715 nach Preußen. Nach langen Verhandlungen lieferte der preußische König sie im November 1716 im Tausch gegen nach Sachsen geflohene Deserteure aus. August ließ sie auf der Festung Stolpen festsetzen.

Das Coselpalais, erbaut für den Sohn der Gräfin

Was die Gräfin nöthig hat oder verlangen möchte, soll ihr Alles verabfolgt und zugesendet werden, damit ihr nichts abgeht. Man muss der Gräfin allemal mit Civiliät und Höflichkeit entgegengehen und begegnen, befahl August dem Festungskommandanten. Allerdings sollte sie mit niemandem unbemerkt Kontakt aufnehmen oder gar fliehen können. Schloss Pillnitz zog August ein, ihr übriges Vermögen ließ er ihr. Von einer Kommission verwaltet, erbten es später ihre Kinder, die allerdings kaum Kontakt zur Mutter gehalten hatten.

Da die Isolationshaft der Gräfin für viel Gerede in ganz Europa sorgte, schlugen die Minister Flemming und Wackerbarth im August 1723 vor, die Gräfin freizulassen. Als ein Jahr später offenbar wurde, dass sie doch eine geheime Korrespondenz ins Ausland unterhielt, entschied der zögerliche König: Sie blieb in Haft. Auch August III. ließ sie nicht frei, später wollte sie Stolpen dann selbst nicht mehr verlassen. Etwas wunderlich geworden, starb die Gräfin Cosel hochbetagt 1765.

Burg Stolpen

Auf Burg Stolpen kann man einige Wohnräume der Gräfin Cosel besichtigen, und doch bekommt man eigentlich einen falschen Eindruck. Denn die malerische Burgruine, die auf einem imposanten Basaltfelsen thront, war beim Einzug der Gräfin noch eine stolze Festungsanlage mit dem gotischen Hochschloss – bis 1559 Hauptresidenz der Bischöfe von Meißen – und dem Mitte des 16. Jahrhunderts erbauten Fürstenhaus. Hier bezog die Gräfin Wohnung. Fünf Dienstboten standen zu ihrer Verfügung, später durfte sie sich auf der Burg frei bewegen. Als das Fürstenhaus mit der Zeit baufällig wurde, richtete man ihr zusätzlich Räume im Johannisturm her, die heute als „museale Inszenierung" wiedererstanden sind. Bestattet wurde die Gräfin Cosel in der Burgkapelle, die nicht mehr erhalten ist. Eine Gedenkplatte erinnert an das ursprüngliche Grab.

August war insgesamt viermal auf Burg Stolpen, zweimal zur Jagd, beim dritten Mal, 1708, verbrachte er pikanterweise eine Nacht mit der Gräfin im Fürstenhaus. Und am 23. Juli 1727 prüfte er mit Kanonenschüssen die Festigkeit des Basalts. Ob er dabei der Gräfin Cosel begegnete und ob er überhaupt die Festung selbst betrat, weiß man nicht.

Auf der Festung Stolpen bewohnte die Gräfin von Cosel Räume im Johannisturm (dem rechten der beiden Türme auf dem Foto links außen). Oben der Blick aus dem Johannisturm – auch Coselturm genannt – nach Westen. Von der Burgkapelle, in der die Gräfin bestattet wurde, sind neben Mauerresten noch deren Grabsteine erhalten.

Die „museale Inszenierung" der Wohngemächer im Johannisturm. Die Gräfin Cosel bezog sie erst nach Augusts Tod, als das „Fürstenhaus" auf der Burg Stolpen baufällig geworden war.

Taschenbergpalais

Das Taschenbergpalais, in dem die Gräfin Cosel residierte, war noch wesentlich kleiner als das heutige, äußerlich rekonstruierte Luxushotel.

Das Taschenbergpalais ließ August seiner neuen Favoritin ab 1706 errichten, es war der erste große Dresdner Neubau in seiner Regierungszeit und erstes Projekt des zum Landbaumeister beförderten Matthäus Daniel Pöppelmann. Das Palais war allerdings kleiner als heute. 1719 wurde es zum Wohnsitz des Kurprinzenpaares umgebaut, Mitte des 18. Jahrhunderts kamen die Seitenflügel hinzu. 1945 ausgebrannt, wurde das Palais 1992–95 äußerlich originalgetreu als Hotel wiederaufgebaut.

August als Bauherr und Stadtplaner

Architektur und Stadtplanung gehörten zu den Steckenpferden Augusts des Starken. Er förderte sie nicht nur aus Prestigegründen, August kannte sich aus, er besaß Geschmack, hatte ein Gespür für Talente und war selbst kreativ. Auf den Zeichnungen der Hofbaumeister findet man oft Bemerkungen wie *von Ihro Koeniglicher Majestät selbst inventiret* oder *nach Ihro Koeniglicher Majestät Eigen gemachten Desseins*, außerdem gibt es viele Ideenskizzen von Augusts Hand. August war durchaus in der Lage, sich besseren Argumenten zu beugen, er konnte aber auch seinen Generalintendanten für das Bauwesen abkanzeln, wenn der es gewagt hatte, eine königliche Anweisung zu kritisieren.

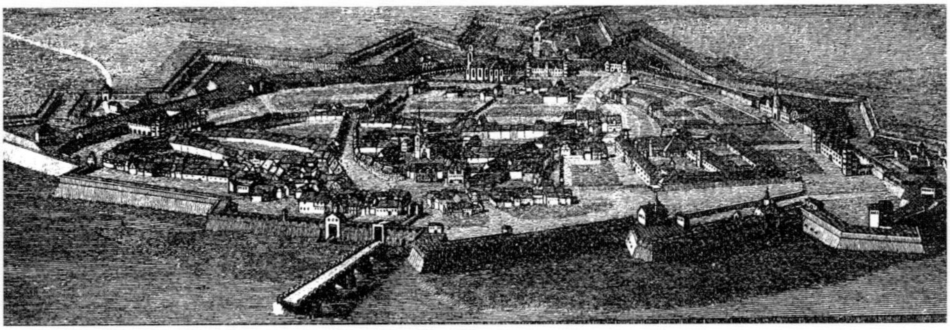

Das rechtselbische Altendresden vor dem großen Stadtbrand 1685

Sein Lehrer Caspar von Klengel, Sachsens oberster Baubeamter, hatte ihm die Grundlagen von Architektur und Städtebau vermittelt, auf der Kavalierstour hatte er dann viele Städte in natura kennengelernt, wobei ihn Venedig, die Stadt am Wasser, am nachhaltigsten beeindruckte.

Seine eigene Residenz konnte da nicht mithalten. Dresden zählte in den 1690er Jahren etwas über 20 000 Einwohner und war geprägt durch Renaissancebauten und zwei- bis dreistöckige, giebelständige Wohnhäuser, vielfach aus Holz. Das rechtselbische Altendresden war 1685 weitgehend abgebrannt und erst zu Teilen wiedererstanden. Das neue Palais im Großen Garten war ein schmucker Barockbau, das Residenzschloss indes ein altertümliches Renaissancegemäuer.

Aufgaben stellten sich August also genug. Doch Kriegsruhm und die polnische Krone gingen vor – beides verschlang Unsummen. Ab 1703 wurden Pläne für ein neues Residenzschloss erarbeitet, 1709 begann der Bau des Zwingers

Der Zwinger, die wohl schönste Festkulisse des 18. Jahrhunderts, auf einem Stich um 1720

als Orangerie. Erst Mitte der 1710er Jahre allerdings nahm das Dresdner Baugeschehen an Fahrt auf, nun erst verfügte der Kurfürst-König über genügend Geld – und vielleicht auch die nötige innere Ruhe.

Ein wichtiger Zielpunkt war die Prinzenhochzeit 1719, in deren Vorfeld das Residenzschloss wiederhergestellt und mit neuen Repräsentationsräumen ausgestattet wurde. Als prächtige Festkulisse wurde der Zwinger fertiggestellt, daneben entstand das Opernhaus mit zweitausend Plätzen (1849 abgerissen).

August organisierte das gesamte Bauwesen neu: Oberster Baubeamter war als Nachfolger Klengels von 1695 bis 1728 Wackerbarth, danach der aus Berlin gekommene Jean de Bodt. Die wichtigsten Männer im Oberbauamt waren Matthäus Daniel Pöppelmann, Johann Friedrich Karcher, Zacharias Longuelune, der Innenarchitekt Raymond Leplat, Johann Christoph Knöffel, Johann Friedrich Eosander von Göthe und der am Bau des Zwingers maßgeblich beteiligte Bildhauer Balthasar Permoser.

Von Wackerbarth

Ab 1720 mussten alle Neubaupläne für Dresden vom Oberbauamt genehmigt werden. Geschosszahl, -höhe und Verputzfarbe aller Neubauten waren je nach Bauplatz vorgegeben, allerdings durfte das Bauamt im Einzelfall Ausnahmen genehmigen. Auch durfte nur noch in Stein gebaut werden.

Dresden im Jahre 1748: links das Japanische Palais, rechts die Hofkirche

Beim Wiederaufbau Altendresdens, der heutigen Inneren Neustadt, ließ August nun Klengels städtebaulichen Plan konsequent umsetzen. So entstand eine barocke, streng geometrische Anlage, die keine Rücksicht auf die alten Grundstücke nahm. Den Bauwilligen wurden Parzellen zugewiesen, dafür erhielten sie bis zu dreißig Prozent der Baukosten erstattet. Als Sichtpunkte für wichtige Achsen entstanden das Japanische Palais und das Blockhaus, auch die zentrale Elbbrücke (die 1907 durch die heutige Augustusbrücke ersetzt wurde) wurde neu gebaut. Selbst die Dreikönigskirche wurde abgerissen, weil sie dem Straßenraster im Weg stand, und einige Meter versetzt neu erbaut. 1732 benannte August den neuerstandenen Stadtteil in Neue Königstadt um.

Der Neumarkt mit der Frauenkirche um 1750, wie die obere Abbildung von Bellotto

Schloss Übigau an der Elbe im Jahre 1729

Längs der Elbe entstand eine regelrechte Residenzlandschaft: das Wasserpalais Pillnitz, Schloss und Park Großsedlitz für Wackerbarth, das Holländische Palais und Schloss Übigau für Flemming und Schloss Wackerbarth. Ob August von Anfang an hinter diesen Projekten steckte und seine Minister sie nur vorfinanzieren ließ, darüber gehen die Meinungen auseinander. Jedenfalls kaufte er sie seinen Ministern bald ab.

Und schließlich förderte August auch die kommunale und private Bautätigkeit im ganzen Land, indem er einen beträchtlichen Teil des Mehrwertsteueraufkommens über die Akzisebaudirektion als Baukostenzuschüsse vergeben ließ.

Innere Neustadt

Der rechtselbische Stadtteil wurde 1945 weitgehend zerstört. Erhalten blieben oder äußerlich wiederhergestellt wurden aus Augusts Zeiten die Dreikönigskirche, die Neustädter Wache – auch Blockhaus genannt –, das Japanische Palais und das sogenannte Barockviertel rings um die Königstraße.

Der Goldene Reiter, das überlebensgroße Reiterstandbild Augusts des Starken, das den Auftakt der Neustädter Hauptstraße bildet und den Kurfürsten und König als rö-

mischen Feldherrn gleichsam auf dem Ritt gen Polen zeigt, war eine Idee von August selbst. Möglicherweise ließ er eigens dafür 1719 den Pariser Bildhauer Jean Joseph Vinache nach Dresden anwerben. Die Vorarbeiten und Modellierungen dauerten Jahre, in Kupfer getrieben und feuervergoldet wurde das Standbild erst 1732–34. Aufgestellt wurde es drei Jahre nach Augusts Tod, 1736.

Der Hochaltar der Dreikönigskirche in der Inneren Neustadt wurde im Zweiten Weltkrieg schwer beschädigt. Oben der Blick vom Turm der Dreikönigskirche auf das „Barockviertel", in dem einige Fassaden die Bombardierung überlebt haben, während andere rekonstruiert wurden.

Der Neustädter Markt mit der Wache, auch Blockhaus genannt, und dem Goldenen Reiter. Das Standbild zeigt August auf dem Weg aus Dresden hinaus in Richtung Polen.

Japanisches Palais

Das prächtige Japanische Palais sollte Augusts „Porzellanschloss" werden. Seit Jahren steht es weitgehend leer.

1715 ließ sich Minister Flemming am rechten Elbufer das Landhaus errichten, in dem zeitweilig der holländische Gesandte wohnte und das deshalb den Namen Holländisches Palais trug. 1717 erwarb August den Bau für seine Porzellansammlung. 1721 befanden sich hier laut einem Inventar 25 000 Porzellanobjekte. 1728 begann der Ausbau zum von August lang erträumten „Porzellanschloss". Als Sicht- und Endpunkt der Königstraße wurde das Landhaus zu einem viermal so großen, eindrucksvollen Palast mit „japanisch" anmutender Dachlandschaft erweitert. Beim Tode Augusts war das geplante Museum noch nicht ganz fertiggestellt, später beherbergte es unter anderem die Antikensammlung, die Münzsammlung und die kurfürstliche Bibliothek. Seit 2012 sind hier die Naturhistorischen Sammlungen Senckenberg und das Museum für Völkerkunde untergebracht.

Frauenkirche

Weil ihm die Gesamtansicht der Stadt am Herzen lag, befasste sich August auch mit dem wichtigsten Kirchenbauprojekt der Zeit: der Frauenkirche, die einen baufällig gewordenen, turmlosen gotischen Bau ersetzen sollte. Über Form und Material der Kuppel gab es heftige Auseinandersetzungen zwischen Ratszimmermeister George Bähr und dem Oberbauamt. August ließ sich in fünf Audienzen von Bährs Planung überzeugen und rettete so die 91 Meter hohe, steinerne Kuppel. Der Grundstein wurde 1726 gelegt, die Weihe erfolgte 1734, fertiggestellt wurde der Bau aber erst 1743, zehn Jahre nach Augusts Tod. Nach Zerstörung im Zweiten Weltkrieg konnte 2005 die wiederaufgebaute Kirche geweiht werden.

Unter der ungewöhnlichen Kuppel birgt die zu Augusts Zeiten begonnene Frauenkirche im Schiff und auf fünf Emporen rund 1660 Sitzplätze.

Schloss Übigau

Das idyllisch an der Elbe gelegene Schlösschen entstand 1724–26 nach Plänen von Eosander von Göthe – offiziell als Sommersitz des Ministers Flemming, der es jedoch bereits vor der Fertigstellung an August verkaufte. Der König nutzte den Bau, der von einem Barockgarten umgeben war, für manche Geselligkeit, etwa 1728 für einen Ausflug mit seinen preußischen Gästen. Ähnlich wie auf Schloss Pillnitz führten Treppenstufen ins Wasser, so dass der König und seine Gäste von Dresden aus mit Booten oder Gondeln anreisen konnten.

1836 wurde das Schloss Verwaltungssitz einer Maschinenbaufirma, dann einer Werft und schließlich bis 1990 des VEB Dampfkesselbau Übigau. Seitdem steht es leer, der Garten wird in der warmen Jahreshälfte für eine rustikale Sommerwirtschaft genutzt.

Seit 1990 wartet das Schloss Übigau auf den Prinzen, der es aus dem Dornröschenschlaf wachküsst.

August als Sammler

Waren viele barocke Fürsten vom „Bauwurm“ befallen, so plagte August den Starken zusätzlich noch eine Art „Sammelwurm“. Er sei einer jener Menschen, *die niemals finden, dass sie genug haben, und die immer mehr davon haben wollen*, gestand er in Bezug auf Porzellan. Aber eigentlich galt das für sämtliches Kunsthandwerk.

In Dresden existierte bereits seit dem 16. Jahrhundert eine Kunstkammer (nach Wien sogar die zweitälteste im deutschsprachigen Raum): ein Kuriositätenkabinett mit zum Teil sehr wertvollen Kunstwerken. Doch erst durch August wurde Dresden zum Eldorado für Kunstfreunde, zu einer Metropole, die man bei einer Europareise schon im 18. Jahrhundert nicht auslassen durfte.

Denn August raffte nicht, sondern kaufte gezielt und wählte mit Geschmack aus. In den wichtigsten europäischen Metropolen hatte er Verbindungsleute. Regelmäßig und mit Vergnügen besuchte er selbst die drei Leipziger Messen, wo er Kunstwerke, aber auch neueste technische Geräte erwarb. Auch kuriose Tauschgeschäfte ging er ein: So wechselten 1717 für eine Sammlung großer chinesischer Vasen, die er vom preußischen König erhielt, sechshundert Dragoner aus der sächsischen in die preußische Armee.

Turmzimmer im zweiten Stock des Hausmannsturms mit silbernen und goldenen Vasen

Auch im 1729 umgebauten Johanneum bewahrte August Kunstschätze auf

Vor allem aber beschäftigte August exzellente Künstler an seinem Hof und gab immer neue Meisterwerke in Auftrag. Genannt seien vor allem der Goldschmied Johann Melchior Dinglinger und der Hofjuwelier Johann Heinrich Köhler. Zwei Drittel der Schätze, die sich heute im Historischen und im Neuen Grünen Gewölbe befinden, hat allein August erworben oder in Auftrag gegeben. Kein einziges dieser Kunstwerke ist als Kriegsbeute nach Dresden gelangt!

August lebte mit seinen Schätzen. Vierhundert Lederetuis im Bestand des Grünen Gewölbes zeugen davon, dass er seine Kostbarkeiten auch auf Reisen mitnahm: Die erlesenen Glaspokale und Porzellane, Figuren und Spielereien verliehen selbst einem Kriegslager königlichen Glanz.

Ab den 1710er Jahren ließ August seine Schätze systematisch erfassen und ordnen: Es entstanden die Münzsammlung, die Antikensammlung, die Porzellansammlung. 1722 ließ er auch die Gemälde in all seinen Schlössern inventarisieren, die besten der 1995 Werke kamen ins Dresdner Schloss – die Geburtsstunde der Dresdner Gemäldegalerie.

Ein Jahr später ließ er den grün gestrichenen Raum der „Geheimen Verwahrung“ zur Schatzkammer umgestalten, 1728/29 kamen weitere Räume hinzu. Hier präsentierte er seine besten Stücke, zunächst nur seinen Gästen, ab 1732 allen Interessierten. Nach Anmeldung durften sie in Begleitung eines Inspektors das Grüne Gewölbe besichtigen – eine damals außergewöhnliche Sache. 1728 schließlich widmete er auch den Zwinger zum Museum um.

Sammlungen im Residenzschloss

Das Grüne Gewölbe im Erdgeschoss des Residenzschlosses überstand zum Teil die Bombardierung Dresdens, seit 2006 sind die Räume komplett wiederhergestellt. Der größere Teil der Schätze wird heute im sogenannten Neuen Grünen Gewölbe im ersten Stock präsentiert, darunter zahlreiche Meisterwerke Dinglingers wie das Goldene Kaffeezeug und Der Thron des Großmoguls Aureng-Zeb. Im zweiten Stock des Schlosses befinden sich die Türckische Cammer und im Riesensaal ältere Objekte der Rüstkammer. Leider lagert ein großer

Blick ins Historische Grüne Gewölbe (links) und zwei Schätze des Neuen Grünen Gewölbes: der Thron des Großmoguls Aureng-Zeb (ganz oben) und ein Detail aus dem Goldenen Kaffeezeug (darunter).

Teil des Bestandes, darunter die kurfürstlichen Insignien, der Krönungsornat und das von August zerbrochene Hufeisen, derzeit im Depot. Im Dachgeschoss ist das Kupferstichkabinett untergebracht. Das Münzkabinett wurde 2015 im Georgenbau neu eröffnet.

Ein Prunkstück der Türckischen Cammer: Das osmanische Zelt ließ August der Starke beim Heerlager in Zeithain 1730 aufschlagen (links). Im Riesensaal werden Schätze aus der Rüstkammer gezeigt (unten).

Sammlungen im Albertinum, im Semperbau und im Zwinger

Die Skulpturensammlung befindet sich im Albertinum, die Galerie Alte Meister im Semperbau am Zwinger. Im Zwinger selbst sind die Porzellansammlung und der Mathematisch-Physikalische Salon untergebracht. Hier ist auch die Vakuumpumpe zu sehen, die August 1709 auf der Leipziger Messe kaufte und mit der er Otto von Guerickes berühmten Versuch mit den sogenannten Magdeburger Halbkugeln nachstellen ließ – der Kurfürst und König war vielseitig interessiert.

Blick in die Porzellansammlung im Zwinger. Zu den Höhepunkten gehören die 60 erhaltenen (von ursprünglich 300) Tierplastiken.

Ebenfalls im Zwinger untergebracht: Der Mathematisch-Physikalische Salon mit seiner Globensammlung (oben). Im Albertinum befindet sich die Skulpturensammlung (unten), im Semperbau am Zwinger die Gemäldegalerie Alte Meister (rechts).

August und das Porzellan

Von Tschirnhaus

August war geradezu süchtig nach dem weißen Gold, schon 1710 verfügte er über die bedeutendste Sammlung in Europa. Das zerbrechliche Material aus Ostasien nach Europa zu bringen war teuer und gefährlich, und so versuchte seit den 1690er Jahren Ehrenfried Walther von Tschirnhaus, einer der berühmtesten Naturwissenschaftler seiner Zeit, in Sachsen Porzellan herzustellen. Erfolgreich wurde das Unternehmen erst, als Johann Friedrich Böttger hinzustieß. Der Apothekerlehrling hatte in Berlin mit einem öffentlichen Zauberkunststück behauptet, Gold herstellen zu können, worauf der König ihn festzusetzen versuchte. Böttger floh ins sächsische Wittenberg, wo ihn nun August der Starke 1701 unter „Schutzhaft" stellen ließ. Die Versuche, die Böttger im eigens eingerichteten Laboratorium in Dresden anstellte, blieben fruchtlos. Ab 1705 konzentrierte er sich unter Tschirnhaus' Aufsicht auf die

Auf dem Königstein wurde Böttger 1706/07 vor den Schweden „in Sicherheit" gebracht

Entwicklung des Porzellans, zunächst auf der Albrechtsburg in Meißen, ab 1707 in Tschirnhaus' Laboratorium auf der Jungfernbastei in Dresden. Hier gelang ihnen das Brennen von rotem Steinzeug, heute Böttgersteinzeug genannt, am 15. Januar 1708 entstand das erste Stück weißes Hartporzellan – dies gilt als die Geburtsstunde des europäischen Porzellans. Im März 1709, kurz nach Tschirnhaus' Tod, meldete Böttger, nun könne er auch die Glasur herstellen. Mitte 1710 nahm die Königlich-Polnische und Kurfürstlich-Sächsische Porzellanmanufaktur auf der Albrechtsburg in Meißen ihren Betrieb auf. Ihr erster Direktor wurde der offiziell noch bis 1714 unter Schutzhaft stehende Friedrich Böttger.

Johann Friedrich Böttger bei seinen Versuchen

Albrechtsburg und Porzellan-Manufaktur, Meißen

Vom Laboratorium in der Jungfernbastei über dem Dresdner Elbufer ist nichts mehr erhalten. Dafür sind dem Porzellan und seiner Neuerfindung mehrere Ausstellungsräume auf der Albrechtsburg in Meißen gewidmet. Von der Porzellanmanufaktur selbst sind in der spätgotischen Burg keine Spuren erhalten, nach ihrem Auszug 1863 wurden die Räume teilweise wiederhergestellt, teilweise historistisch neugestaltet. Sehenswert ist „die Wiege Sachsens", „Deutschlands ältestes Schloss", aber unbedingt. Einen Besuch wert ist auch

In der Albrechtsburg hoch über der Elbe ließ August 1710 die erste Porzellanmanufaktur Europas einrichten. Rechts: Lager und Schauraum der Staatlichen Porzellan-Manufaktur Meissen.

die „Erlebniswelt Haus Meissen" mit einer Schauwerkstatt und dem manufaktureigenen Museum, das die laut Eigenwerbung *umfangreichste Sammlung Meissener Porzellane von 1710 bis heute* birgt.

Die von August dem Starken begründete Porzellansammlung im Dresdner Zwinger nennt sich selbst dagegen *die qualitätvollste und zugleich umfangreichste keramische Spezialsammlung der Welt*, sie umfasst rund 20 000 Stücke. Der Schwerpunkt liegt naturgemäß bei alten ostasiatischen und frühen Meißner Porzellanen.

August als Jäger

Die „hohe Jagd“ war seit alters her das Vorrecht der Landesherren. Hirsche, Wildschweine und Fasanen durften in Sachsen auch zu Augusts Zeiten nur von ihm, seinen Verwandten und Gästen oder von staatlichen Jägern geschossen werden. Die Jagd war ein Herrschaftssymbol, und darum wurden, wie bei der Prinzenhochzeit 1719, immer wieder öffentliche Jagden vor großem Publikum inszeniert. Sie gehörte zu einer standesgemäßen Erziehung, und nicht wenige Fürsten entwickelten eine echte Leidenschaft für die Jagd. August war zudem ein äußerst tollkühner Jäger. Goethes Onkel Michael von Loen berichtet: *Die größte Jagdkurzweil begann darauf mit den wilden Schweinen, deren über einhundert geschlagen wurden. Der König ließ hierbei seine weltbekannte Fertigkeit sowohl mit dem Fangeisen als mit dem Hirschfänger [einer messerähnlichen Stichwaffe] recht bewundernswürdig sehen; niemand, ausgenommen der Graf Moritz, konnte ihm solches nachtun. Da aber gleichwohl auch andere sich dessen unterfingen, bekamen die Zuschauer etwas zu lachen, wenn diese ungeschickten Helden von den Schweinen über den Haufen gepurzelt oder sonst mit ihren Fangeisen herumgetrieben wurden.*

Jagdrevier Plauenscher Grund

Üblich in großer Gesellschaft war allerdings die völlig ungefährliche „eingestellte Jagd“, wie sie ein Gemälde im Schloss Moritzburg zeigt. Die Tiere wurden in einem umfriedeten Gebiet versammelt und hier in einem engen Korridor vor die Flinten der Jäger getrieben, die so binnen kurzer Zeit große Mengen Wild erlegen konnten. Oft trieb man die Tiere vorher noch durchs Wasser, um sie zu ermüden. So wurden beim Sommerfest zum Namenstag von Augusts Mätresse Gräfin Dönhoff 1718 bei einer Wasserjagd 179 Rothirsche, 27 Wildschweine und 18 Rehe erlegt. 1730 sollen es auf einer einzigen Jagd 450 Hirsche und 60 Wildschweine gewesen sein.

Mehr nach Augusts Geschmack dürften die Sauhatz mit der blanken Waffe gewesen sein und die Hetzjagd zu Pferd hinter einer Hundemeute, die das Wild aufspürte und vor sich hertrieb.

Schloss Moritzburg nach dem Umbau, um 1733

Augusts Lieblingsrevier waren die Wälder rings um Schloss Moritzburg, in dem er sich schon als Jugendlicher häufig aufhielt und mit dem ihn schöne Erinnerungen verbanden: Hier war 1695 Aurora von Königsmarck seinem Charme erlegen, nicht von ungefähr hatten sie ihren gemeinsamen Sohn Moritz genannt. August hat in Moritzburg immer wieder große Feste gefeiert, wobei die Seen in der Nähe des Schlosses Gelegenheit boten zu Gondelfahrten, Ruderwettkämpfen, Entenjagden oder zum Fischen. Außerdem feierte August in der Moritzburger Schlosskapelle an Heiligabend 1699 den ersten katholischen Gottesdienst seit der Reformation in Sachsen.

Erst 1723 begann August, das alte Renaissanceschloss um- und auszubauen, die heutige Gestalt auf H-förmigem Grundriss mit den vier Ecktürmen entwickelte Pöppelmann aus dem älteren Bau. Die von Augusts Lehrer Klengel entworfene Schlosskapelle blieb dabei als einziger Bauteil unangetastet. Zugleich wurden auch die Teiche ringsum angelegt, seitdem steht das Schloss auf einer Insel.

Moritzburg

Das Schloss Moritzburg ist das einzige Schloss, in dem auch im Innern noch einiges aus Augusts Zeiten erhalten ist, so die großen Säle mit ihren zahlreichen Geweihen, die königlich-kurfürstlichen Gemächer mit den kostbaren alten Ledertapeten und die Schlosskapelle.

Im Erdgeschoss ist das berühmte Federzimmer zu besichtigen, ein Schlafzimmer mit Prunkbett, in dem August aber vermutlich nie geschlafen hat und das sich bis 1830 im Japanischen Palais befand.

Die Ausstellung zur Moritzburger Hof- und Küchenkultur gibt Einblicke in das Tafelzeremoniell unter August, aus den Speiseplänen gewinnt man einen guten Eindruck von der Völlerei, die der König mit seinen Gästen pflegte.

Zwei Piqueure begrüßen den Gast von Schloss Moritzburg, in dem das aus Millionen Vogelfedern gearbeitete Federzimmer (links), der berühmte „Moritzburger 66-Ender“ im Monströsensaal (unten) und der Speisesaal mit den zwei stärksten Rothirschgeweihen der Welt (rechts) zu besichtigen sind.

Register der Sehenswürdigkeiten

Register der Personen

Bildquellen

bpk / Staatliche Kunstsammlungen Dresden: S. 49 (Elke Estel, Hans-Peter Klut), 62 o. (Elke Estel, Hans-Peter Klut), 90 (Herbert Boswank)
Johanneum: S. 55 (Johann Baptist Anton Raunacher, 1729–1771, Wandbespannung im Raunacher-Zimmer von Schloss Eggenberg, Graz)
SLUB Dresden / Deutsche Fotothek: S. 27 o. (Krenzlin), 31 o. (DDZ), 31 u. (unbekannt), 54 (Johann Alexander Thiele), 63 (Johann Alexander Thiele), 87 (Walter Möbius)
Günter Schneider: S. 2, 12–22, 32–39, 44–47, 50–53, 56–59, 60, 62 u., 64–67, 72–77, 80–85, 88f., 92f.